bruno s. frey & oliver zimmer

mehr demokratie wagen

aufbau

bruno s. frey & oliver zimmer

mehr demo kratie wagen

>>>> für eine teilhabe aller

aufbau

MIX
Papier | Fördert gute Waldnutzung
FSC® C083411

ISBN 978-3-351-04175-5

Aufbau ist eine Marke der Aufbau Verlage GmbH & Co. KG

1. Auflage 2023

Einbandgestaltung Rothfos & Gabler, Hamburg
Satz LVD GmbH, Berlin
Druck und Binden CPI books GmbH, Leck, Germany
Printed in Germany

www.aufbau-verlage.de

Inhaltsverzeichnis

Das repräsentative System ist zu einer Form der Oligarchie verkommen, wodurch gewöhnliche Menschen vom öffentlichen Leben ausgeschlossen bleiben. Dies ist jedoch keineswegs unvermeidbar. Repräsentation erlaubt durchaus eine echte Demokratie, und zwar dort, wo sie auf partizipatorischer demokratischer Politik im lokalen Bereich basiert.

Hanna Fenichel Pitkin (2004)

Die Literatur zur Ignoranz von Wählern basiert auf der Annahme, gewisse dekontextualisierte Fakten oder bestimmte Expertenüberzeugungen taugten als Maßstab für das Wissen, das man braucht, um politische Entscheide zu treffen. Dabei ist es keineswegs erwiesen, dass Menschen Kenntnisse der Sozialwissenschaften, der europäischen Verträge oder über Handelsbilanzdefizite benötigen, um beurteilen zu können, ob sie selber, ihre Familien oder ihr Land von der Globalisierung oder der Konstruktion der Europäischen Union profitieren, und ob sie Kandidaten, die sich für solche Projekte engagieren, unterstützen sollen. Jedenfalls handelt es sich bei der Vorstellung, es gäbe einen Zusammenhang zwischen ›Informiertheit‹ im Sinne politologischer Umfragen und ›korrektem‹ Wahlverhalten in Bezug auf Fragen des Gemeinwohls nicht um eine Tatsache, sondern lediglich um eine Vermutung, deren Bestätigung noch immer aussteht.

Hélène Landemore (2022)

>>>> VORWORT:

Mehr Demokratie wagen

Am 28. Oktober 1969 forderte Willy Brandt als frisch gekürter Regierungschef die Mitglieder des Bundestags auf, in Deutschland künftig mehr Demokratie zuzulassen. »Wir wollen mehr Demokratie wagen.« So lautete der kurze Satz, der eine naturgemäß eher technische Regierungserklärung zur vielleicht berühmtesten politischen Rede der deutschen Nachkriegszeit machte. Die Warnung, dem demokratischen Geist der Deutschen sei (noch) nicht zu trauen, wies der sozialdemokratische Bundeskanzler zurück: »Meine Damen und Herren, in den letzten Jahren haben manche in diesem Land befürchtet, die zweite deutsche Demokratie werde den Weg der ersten gehen. Ich habe dies nie geglaubt. Ich glaube dies heute weniger denn je. Wir stehen nicht am Ende unserer Demokratie, wir fangen erst richtig an.«

Die Grundaussage dieses Buches lautet, dass Willy Brandts Ruf nach mehr Demokratie heute wieder besonders aktuell ist, und zwar nicht nur in Deutschland.

Brandt argumentierte, dass die deutsche Demokratie nur durch erhöhte bürgerliche Partizipation zu sichern sei. Zu dieser Einschätzung passt die doppelte Selbstkritik am Schluss seiner Rede – eine Selbstkritik, die sich auf die Politiker wie auf die Bürger der jungen Republik bezog: »Die Regierung kann in der Demokratie nur erfolgreich wirken, wenn sie getragen wird vom demokratischen Engagement der Bürger. Wir haben so wenig Bedarf an blinder Zustimmung, wie unser Volk Bedarf hat an gespreizter Würde und hoheitsvoller Distanz. Wir suchen keine Bewunderer; wir brauchen Menschen, die kritisch mitdenken, mitentscheiden und mitverantworten.«

Der Sozialdemokrat forderte eine deutsche Gesellschaft, die sich durch mehr »Mitbestimmung« und »Mitverantwortung« auszeichnen und dadurch den Bürgerinnen und Bürgern »mehr Freiheit« gewähren sollte. Er verlangte die verstärkte Einbeziehung der »begründeten Wünsche der gesellschaftlichen Kräfte«. Dabei redete er einer erweiterten demokratischen Selbstbestimmung das Wort: Innenpolitisch durch Anhörung der Opposition, die sich in den 1960er Jahren außerhalb des Parlaments manifestiert hatte; außenpolitisch durch Einforderung des Selbstbestimmungsrechts der Deutschen bei gleichzeitigem Bekenntnis zur »europäischen Friedensordnung«. Gut zwanzig Jahre nach dem Zusammenbruch der nationalsozialistischen Diktatur verstand Willy Brandt unter »mehr Demokratie wagen«, dass die demokratische Selbstverantwortung höher gewichtet werde als die Kontrolle der Gesellschaft durch den Staat. Den Vorschlag, das aktive Wahlalter von 21 auf 18 und das passive von 25 auf 21 Jahre zu senken, rechtfertigte er mit der Aussicht auf Freiheitsgewinn: »Wir wollen eine Gesellschaft, die mehr Freiheit bietet und mehr Mitverantwortung fordert.«

>><<

Was genau eine Regierungserklärung zur historischen Rede werden lässt, ist schwer zu sagen. Dazu gehört aber, dass sie mehr von ihren Anspielungen, Widersprüchen und Überraschungen lebt als von den Intentionen ihrer Schöpfer. So verknüpfte Brandt seine Aufforderung nach vermehrter demokratischer Teilnahme mit der Aussicht auf Modernisierung durch Planung. Wie diese beiden Dinge – kontrollierter Wandel und demokratische Partizipation – zusammengehen sollten, ließ seine Rede weitgehend offen.

Doch diese Ungereimtheit trat angesichts der Forderung nach mehr Demokratie in den Hintergrund. Wer spricht heute noch von den raumgreifenden technokratischen Passagen in Brandts Regierungserklärung? Es ist der Ruf nach mehr Demokratie, der (auch außerhalb Deutschlands) im Gedächtnis der Menschen hängengeblieben ist. Dieser Ruf verlieh seiner Rede ein Eigenleben, etwas, was sie nur schwer domestizierbar macht. Vielleicht erklärt dies auch, weshalb sie von vielen deutschen Politikern und Intellektuellen bis heute vornehmlich im Geiste der vorsichtigen Beschwichtigung ausgelegt wird: weniger als Aufruf zu genuiner Reform denn als gediegenes Bekenntnis des großen Nachkriegskanzlers zur repräsentativen Demokratie.[1]

Das ist Brandts Rede natürlich auch. Und gleichzeitig geht sie deutlich über ein solches Bekenntnis hinaus. Inhaltlich gehört sie zu jener Tradition der Herrschaftskritik, die seit dem 19. Jahrhundert – besonders von Seiten jenes linksdemokratischen Lagers, dem Brandt entstammte – immer wieder vorgetragen wurde. Die Kritik bezieht sich seit dem sogenannten »Völkerfrühling« von 1848 insbesondere auf das, was man im deutschen Sprachraum repräsentative Demokratie, im englischen dagegen meistens – und von der Sache her ungleich präziser – als repräsentatives Regieren (*representative government)* bezeichnet.[2]

Eine solche Kritik stellt das repräsentative System nicht grundsätzlich in Frage. Was sie fordert, ist die Erweiterung des liberalen Verfassungsstaates durch vermehrte demokratische Teilhabe. Und gleichzeitig ist sie Ausdruck eines Misstrauens gegenüber dem politischen Status Quo. Denn das repräsentative System steht hier unter dem, wie wir meinen, berechtigten Verdacht, den Interessen und Präferenzen einer wohlhabenden, mit Bildungszertifikaten ausgestatteten Schicht besser zu entsprechen als jenen der Mehrheit, die diese Privilegien nicht genießt. Es wäre geradezu fahrlässig, einen solchen Befund als Verschwörungstheorie zu verunglimpfen. Denn was hier in der Kritik steht, ist ein epistokratisches, mitunter elitäres Politikverständnis. Wie das Wort Demokratie stammt auch der Begriff der Epistokratie aus dem Griechischen. Ein Epistokrat ist jemand, der eine Herrschaft der Wissenden (episteme: »Wissen«; kratía: »Herrschaft«) unterstützt. Aus epistokratischer Warte gefährdet die partizipatorische Demokratie (demos: »Volk«; kratía: »Herrschaft«) die Interessen des Staates.[3]

Die beschriebene Kritik des Repräsentativsystems ruft uns etwas in Erinnerung, das heute nur noch selten öffentlich diskutiert wird. Sie erinnert uns daran, dass die herkömmliche Gleichsetzung von Repräsentation und Demokratie – konzeptuell wie historisch – unhaltbar ist. Darauf haben am wortgewaltigsten die politischen Philosophinnen Hannah Arendt und Hanna Fenichel Pitkin hingewiesen.[4] Die partizipatorische Demokratie geht auf die Stadtstaaten der griechischen Antike zurück; ihr berühmtestes Beispiel ist die Polis des klassischen Athen, wo gewisse Ämter durch ein qualifiziertes Losverfahren vergeben wurden. Dagegen entwickelte sich die Repräsentation erst mit dem Römischen Imperium und dann vor allem ab dem frühen Mittelalter zu einer wichtigen Institution. Das leitende Motiv war hier nicht die politische Beteiligung der Vielen, sondern die Vorherrschaft der Wenigen. Fürsten und Könige entsandten eigene Vertreter in entlegene Regionen, um mehr Einkünfte zu generieren. Ambitionierte Grundherrscher trachteten danach, ihr Territorium administrativ zu durchdringen und territorial abzurunden. Was wir hier zunehmend am Werk sehen, sind Vorformen der modernen Staatsbildung. Erst in den atlantischen Revolutionen des späten 18. Jahrhunderts entstand mit der von großen Konflikten begleiteten Fusion von Demokratie und Repräsentation eine neue politische Realität.

Wie verhielten sich die wichtigsten politischen Bewegungen seither zum *representative government,* also zu jenem System, das aus dieser Fusion resultierte? Laut Hanna Fenichel Pitkin lassen sich zwei grundsätzliche Haltungen unterscheiden. Demokraten – grob gesagt, handelt es sich um Bewegungen links der politischen Mitte – betrachteten »die

Repräsentation durch Abgeordnete – mit erweitertem Wahlrecht – als eine Voraussetzung großräumiger Demokratie«. Ganz anders blickten konservative, restaurativ eingestellte Kräfte auf das repräsentative System. Sie betrachteten es laut Pitkin als »ein Instrument […], um sich die Demokratie vom Leib zu halten«.[5]

Nun sind direkte Formen der Demokratie in bevölkerungsreichen und großflächigen Gemeinwesen freilich schwierig durchführbar. Staaten von der Größe Deutschlands, Frankreichs, Spaniens oder Italiens lassen sich von ihren Bedürfnissen und ihrer politischen Dynamik her nicht mit Rousseaus Genf, der antiken Polis Athens oder einer Innerschweizer Landsgemeinde vergleichen. Die Repräsentation des Wählerwillens durch Abgeordnete scheint hier also ein beinahe kongeniales Instrument zu liefern, mit dem sich das von Arendt und Pitkin beschriebene Ideal der demokratischen Selbstbestimmung (*self-government*) in der Moderne verwirklichen lässt.

Dass dieser Eindruck einer gelungenen Fusion von Demokratie und repräsentativem System täuscht, ist eine der Grundthesen unseres Buches. So zeigen wir in den Kapiteln des ersten Teils, dass sowohl fortschrittliche wie konservative Kräfte sich des fundamentalen Unterschieds zwischen Demokratie und Repräsentation durchaus bewusst waren; oder dass die moderne Demokratie, bei der es sich in Tat und Wahrheit mehrheitlich um ein repräsentatives Regieren handelt, bis heute – trotz fortschreitender Ausdehnung des Wahlrechts – deutliche epistokratische Züge trägt. In den Parlamenten dominieren Akademikerinnen und Akademiker, während die mittleren und unteren sozialen Schichten kaum vertreten sind. Ein Beispiel: Von den 2019 gewählten Abgeordneten des deutschen Bundestags besitzen 82 Prozent einen Hochschulabschluss – in der Gesamtbevölkerung sind es lediglich 18 Prozent.[6] In den großen Kammern von Österreich (48 Prozent akademisch Gebildete gegenüber 14 in der Gesamtbevölkerung)[7] und der Schweiz (61 Prozent[8] gegenüber 27 Prozent[9]) ist die Übervertretung von Akademikern etwas geringer.

Doch wir bleiben nicht bei der Kritik stehen. Im zweiten Teil des Buches unterbreiten wir verschiedene Vorschläge, wie sich das repräsentative System demokratisieren ließe – beispielsweise durch eine zusätzliche, durch ein qualifiziertes Zufallsprinzip gewählte Kammer. Dadurch könnten die mittleren und unteren Schichten der Gesellschaft verstärkt aktiv an der Demokratie partizipieren. Weitere Vorschläge zur Stärkung der demokratischen Partizipation sind Initiativen und Referenden. Und ganz generell sprechen wir uns für die Verlagerung demokratischer Bestimmungsmacht auf eine Ebene aus, in der die politisch zu lösenden Probleme tatsächlich auftreten – und nicht auf einer höheren Ebene, die nichts mit den eigentlichen Problemen zu tun hat. Bei all unseren Reformvorschlägen geht es letztlich darum, den Bürgerinnen und Bürgern einen Teil jener Macht zurückzugeben, die der Zentralstaat und die Berufsparlamente heute monopolisieren. Unser Ausgangspunkt ist Pitkins kritischer Befund aus dem Jahr 2004, den wir für unverändert gültig halten:

> »Trotz wiederholten Versuchen, das repräsentative System zu demokratisieren, hat die Repräsentation die Demokratie meistens eher ersetzt, als ihr zu dienen. Dabei sind unsere Regierenden zu einer sich selbst erhaltenden Elite geworden, die passive oder privatisierte Massen regiert, oder besser: sie verwaltet. Die Repräsentanten handeln nicht als Agenten des Volkes, sondern an ihrer Stelle.«[10]

>><<

Der zweite Kerngedanke von Willy Brandts Rede bezieht sich auf die Bedeutung kollektiver Zugehörigkeit für das Funktionieren der Demokratie. Dass Brandt hier vor allem auf die Bedeutung der nationalen Ebene Bezug nahm, hatte historische Gründe. Gut zwei Jahrzehnte nach dem Zusammenbruch der nationalsozialistischen Gewaltherrschaft fragte man sich besonders im demokratischen Ausland, wie es mit der Demokratiefähigkeit der Deutschen und ihrer damals noch keineswegs souveränen Republik bestellt sei. Für Brandt konnte es auf diese Frage nur eine Antwort geben, wie er den Besatzungsmächten unmissverständlich klarmachte: »Niemand kann uns jedoch ausreden, dass die Deutschen ein Recht auf Selbstbestimmung haben, wie alle andern Völker auch.« Damit signalisierte er seinen Landsleuten, dass demokratische Selbstbestimmung das Bekenntnis zur eigenen Nation voraussetze.

Dieses Recht der Deutschen auf Selbstbestimmung basierte nach Brandt auf dem Leistungsausweis der bundesrepublikanischen Demokratie. Die sich über alle Turbulenzen hinweg bewährte Polit- und Parteimaschinerie habe der deutschen Demokratie weitherum Respekt verschafft: »Unsere parlamentarische Demokratie hat 20 Jahre nach ihrer Gründung ihre Fähigkeit zum Wandel bewiesen und damit ihre Probe bestanden. Dies ist auch außerhalb unserer Grenzen vermerkt worden und hat unserem Staat zu neuem Vertrauen in der Welt verholfen.« Doch diese Demokratie würde nur dann langfristig Bestand haben, wenn sie die Bürgerinnen und Bürger stärker in die Entscheidungspflicht nehmen würde.

Ohne Bekenntnis zu einem kollektiven Selbst keine partizipatorische Demokratie: Auch dieser Gedanke spielt in unserem Buch eine zentrale Rolle. Demokratisches Engagement gedeiht dort, wo sich Menschen bewusst und ausdrücklich zu einem Gemeinwesen bekennen. Nicht als Hurrapatrioten, sondern als kritische, mit Rechten und Pflichten ausgestattete Bürger, die – weil sie ein ihnen vertrautes Gemeinwesen schätzen – mitreden wollen. Die Grundlage für dieses demokratische Engagement bildet freilich die verfassungsrechtliche Gleichstellung der Bürger. Doch eine lebendige Demokratie ist mehr als eine Registrationsstelle für individuelle, im stillen Kämmerlein kultivierte Präferenzen. Sie lebt vom Beitrag der Bürger, von der dezidierten öffentlichen Auseinandersetzung um die Gestaltung von Gegenwart und Zukunft. Dazu gehört im Idealfall mehr als eine Opposition, die zur Politik der gegenwärtigen Regierung eine Alternative darstellt. Dazu gehört die Möglichkeit, auch *zwischen* den großen Wahlen demokratisch zu intervenieren.

Diese Bereitschaft zum regelgebundenen Streit zwischen verschiedenen Gleichberechtigten ist jedoch keineswegs selbstverständlich. Sie bedarf einer produktiven Energie, die aus dem Gefühl der Zugehörigkeit zu einem Gemeinwesen entsteht. Wo dieses Gefühl inexistent oder schwach ausgebildet ist, sind Menschen kaum bereit, Verantwortung für den Zustand ihres Dorfes, ihrer Stadt, ihrer Region oder ihres Landes zu übernehmen. Das mag mit ein Grund sein, warum kleine, föderalistisch aufgebaute Länder in der Regel mehr Demokratie wagen als zentralistisch organisierte Staaten; und warum die demokratische Praxis dort enger mit der Zivilgesellschaft – beispielsweise durch Initiativen, Referenden oder politische Freiwilligenarbeit vorort – verzahnt ist.[11] Als Bezugsrahmen für dieses Zugehörigkeitsgefühl kommt also keineswegs bloß der Nationalstaat in Frage. Kommunen, Kantone oder Bundesländer, und hier eben auch neue, problemorientierte Körperschaften, eignen sich dafür aufgrund ihrer geringeren Größe und kulturellen Dichte oft sogar besser.

>><<

Insgesamt konfrontiert Brandts Intervention uns also bis heute mit einer Anzahl provokanter Gedanken. Etwa, dass es in der Demokratie nicht bloß um periodisch abzuhaltende Wahlen geht, sondern um aktives Mitgestalten, zu dem auch eine offene, zuweilen kontrovers geführte Diskussion gehört; oder dass sich Demokratie nicht auf eine Staatsform reduzieren lässt; dass es sich dabei weniger um ein System als um eine ständigem Wandel unterworfene Lebensform handelt. Am provokantesten bleibt wohl Brandts Überzeugung, dass Demokratie in Freiheit nicht ohne Risiko zu haben ist. Der im deutschen Fall schon länger besonders wortreich geführte Streit um die Gestaltung der demokratischen Praxis – hier der Ruf nach mehr Demokratie und Vertrauen in die bürgerliche Urteilskraft des »gemeinen Volkes«, dort die Diffamierung von Volksabstimmungen als Populismus der »Unaufgeklärten« – ist allerdings kein deutsches, sondern ein gesamteuropäisches Phänomen.

Auch handelt es sich bei Letzterem keineswegs um einen neuen Konflikt. Das Misstrauen gegenüber Referenden ist durch den Brexit in den politischen Machtzentren Europas zwar zweifellos gestiegen. Bemerkbar ist es jedoch schon seit mehreren Jahrzehnten. Man denke nur an die in Frankreich, Irland, Dänemark (teilweise mehrfach) durchgeführten Referenden zu den europäischen Verträgen. Das Misstrauen gegen Referenden ist zwar weit verbreitet, aber oft verfehlt – insbesondere auch, wenn die Ergebnisse mit den vielen fragwürdigen Entscheidungen in repräsentativen Gremien wie Parlamenten verglichen werden. Die Ansicht beispielsweise, dass die Parlamente von Deutschland, Frankreich oder Italien in den letzten dreißig Jahren gesellschaftlich nachhaltigere Entscheidungen gefällt hätten als beispielsweise die Schweizer Stimmbürger mit ihrer Referendumsdemokratie, lässt sich jedenfalls nur mit sehr viel normativer Schlagseite aufrechterhalten.

Stichwort normative Schlagseite gegenüber Volksabstimmungen: Nach Abschluss seiner ausgedehnten Feldforschungen in Brüssel beurteilte Hans Magnus Enzensberger den Reim, den man sich in der EU-Exekutive auf die Widerspenstigkeit gewisser Länder macht, wie folgt: »Ihren Widerstand kann man sich in Brüssel nur dadurch erklären, dass man es mit einer ignoranten, aber rebellischen Bevölkerung zu tun hat, die nicht weiß, was zu ihrem Besten ist. Deshalb tut man gut daran, sie gar nicht erst zu befragen. Der bloße

Gedanke an ein Referendum löst bei der Eurokratie sofort Panik aus.«[12]

Daran hat sich seither kaum etwas geändert, im Gegenteil. Zumindest im professionellen Maschinenraum der Politik – in den Parlamenten, Regierungen und Verwaltungen der westlichen Welt – bewirkt der Ruf nach mehr Demokratie (außer in den Wochen vor den großen Wahlen) mehr Unbehagen als Zustimmung. Als Wolfgang Schäuble im März 2016 auf einem Berliner Podium der *Neuen Zürcher Zeitung* gefragt wurde, ob Deutschland dem direktdemokratischen Modell der Schweiz folgen könnte, winkte der erfahrene Magistrat ab. Die Schweizer, so meinte der damalige Bundesfinanzminister, besäßen eine politische Reife, die den Deutschen noch immer fehle. Anstatt des erwarteten Protestes provozierte Schäubles Votum beim gediegenen Publikum vor allem stillschweigende Affirmation.[13] Warum wurde von niemandem darauf hingewiesen, dass sich auch die Deutschen die erforderliche Reife aneignen können? Diese Frage stellte man sich als beteiligter Schweizer fast unweigerlich, muss aber auch zugestehen, dass eine solche Reife allerdings am ehesten durch eine politische Praxis entsteht, die über das periodische Ausfüllen und Einwerfen von Wahlzetteln hinausgeht. Sie lässt sich nicht durch Minister und Medien verordnen.

Beispiele, um das Unbehagen gegenüber einem Mehr an Demokratie zu begründen, sind freilich rasch bei der Hand. Neben dem bereits erwähnten Brexit, zu dem es in der veröffentlichten Meinung Europas im Grunde nur eine Meinung gab, kommen einem die französischen Gelbwesten oder die weltweiten Demonstrationen gegen Corona-Regeln in den Sinn. Auch hier herrschte in der Politik und in den Medien die Tendenz vor, die zumeist recht bunt zusammengesetzten Demonstrationszüge als Populisten oder gar Schlimmeres darzustellen. Angesichts drohender Katastrophen – einer grassierenden Pandemie, Überschwemmungen als Folge der Erderwärmung, einem militärischen

Konflikt – hat sich die Bereitschaft, auf demokratische Meinungsbildung zu setzen, weiter verringert. Und das ironischerweise in einer Zeit, in der sich westliche Demokratien verstärkt mit aggressiv vorgehenden Diktaturen wie China oder Russland konfrontiert sehen.

>><<

Dabei ist dieses schwindende Vertrauen in demokratische Entscheidungen keineswegs, wie oft behauptet wird, der Beschaffenheit neuer Sachzwänge geschuldet. Die Welt ist nicht erst seit zwanzig Jahren äußerst komplex. Politiker, die in Kategorien der Alternativlosigkeit argumentieren, schreiben sich eine Machtfülle zu, die mit dem Prinzip der Gewaltenteilung unvereinbar ist. Hat man sich einmal ans Denken in Kategorien von Alternativlosigkeit gewöhnt, erscheinen einem demokratische Einsprachemöglichkeiten leicht als Zeitverschwendung.

Die Tendenz, politische Entscheidungen durch Verweis auf ihre Alternativlosigkeit dem demokratischen Prozess zu entziehen, verdankt sich auch einem neuen Krisenbewusstsein. Neu daran ist weniger das Bewusstsein der Krisenanfälligkeit moderner Gesellschaften an sich – ein solches gibt es spätestens seit der Industrialisierung im 19. Jahrhundert. Neu ist eher ein Bewusstsein, das man als Krisenverklumpung bezeichnen könnte. Im Vordergrund steht hier nicht mehr der Gedanke, wir seien anfällig für periodisch auftretende Krisen (Plural). Hier dominiert vielmehr die Vorstellung, die Krise (Singular) sei das eigentliche Signum unserer Zeit. Diese Vorstellung geht mit dem besagten Wandel der politischen Entscheidungskultur einher: demokratisch nicht legitimiertes Handeln wird immer öfter als alternativlos bezeichnet. Die in den letzten Jahren gewachsene Opposition gegen die Expertokratie reagiert auf diesen Vorgang. Politiker sollten deshalb der Verlockung widerstehen, sie allzu leichtfertig auf das Konto von Verschwörungstheoretikern zu verbuchen.

Das ist allerdings leichter gesagt als getan. Denn der Glaube, wir lebten in einer Zeit der Krise, lässt die Zukunft auf die Gegenwart zusammenschrumpfen. Wir befinden uns dann – mit dem Historiker François Hartog gesprochen – im Gefängnis der Gegenwart.[14] Was an dieser Befindlichkeit gefährlich ist, hat die Corona-Pandemie verdeutlicht: Wo die Vorstellung einer prinzipiell offenen Zukunft wegbricht, sinkt der Respekt gegenüber alternativen Krisendiagnosen und Handlungsoptionen. In einer solchen politischen Kultur gibt es nur noch richtig oder falsch – beziehungsweise, dort, wo Politik zum moralischen Imperativ wird: nur noch gut und böse.

Demokratische Politik erscheint dann nicht mehr als ein Verfahren, in dem Menschen zwischen verschiedenen Optionen auswählen können, sondern als Nullsummenspiel. In einem solchen Moment verstärkt sich sogar bei aufgeklärt-liberalen Zeitgenossen die Sehnsucht nach starken politischen Figuren, die uns – per Regierungsdekret oder Expertenentscheid – eine verbindliche Zukunftsperspektive eröffnen sollen.[15] Dann tritt genau das ein, was die Ökonomin Margit Osterloh zu Beginn der Corona-Pandemie thematisierte: »Krisen waren immer schon Zeiten der Exekutive. Alles in allem erhält man den bedrückenden Eindruck davon, wie schnell eine funktionierende Demokratie narkotisiert werden kann.«[16]

Als Gegenmittel gegen diese Narkotisierung empfehlen wir, das Wagnis der Demokratie fortzusetzen nach dem Motto: Nicht die Reduktion der Demokratie auf den periodischen Wahlakt bringt uns weiter, sondern die gezielte Reform der gegenwärtigen demokratischen Institutionen in Richtung mehr Mitbestimmung. Das Paradoxon unserer Zeit lässt sich dann so beschreiben: Gerade weil die Herausforderungen der Gegenwart komplex sind, verlangen sie nach einer anspruchsvollen Meinungsbildung, die möglichst weite Teile der Gesellschaft einbindet. Jene Ausnahmesituationen, die nach einem unverzüglichen Entscheid des Parlaments oder gar nur der Exekutive fordern – beispielsweise eine militärische Aggression oder eine Umweltkatastrophe – lassen sich klar definieren.

Die gerade heute wieder erkennbare Versuchung, Politik mit dem Eruieren letzter Wahrheiten gleichzusetzen, die nur einer Minderheit von Aufgeklärten zugänglich sind, weisen wir entschieden zurück. Selbstverständlich muss objektiv Messbares bei der Diskussion um die Frage, wie demokratische Gemeinwesen entstanden und wie sie in Zukunft zu gestalten seien, eine wichtige Rolle spielen: das gilt mit Bezug auf Themen wie Steuern, Haushalt und Verkehr genauso wie bei der Debatte über Energie, Umwelt und Sicherheit. Aber letztlich geht es bei demokratischen Entscheidungen stets auch um Werte, Emotionen, Erfahrungen und Erwartungen. Die Sphäre des Politischen entzieht sich weitgehend der Objektivierbarkeit. Das ist keineswegs zu bedauern, denn der mit Sachlichkeit und Herzblut geführte Streit um unsere Gemeinwesen ist das Lebenselixier der Demokratie, er ist die Grundlage ihrer Legitimität. Wo demokratisches Leben zur Routine erstarrt, steht es auf tönernen Füßen.

Unsere Kritik am repräsentativen System rührt auch daher, dass wir die vorherrschende Sicht der Informationsbeschaffung in der Demokratie hinterfragen. Die epistokratische Sichtweise legitimiert die Machtkonzentration bei Parlament und Exekutive mit dem vermeintlich chronischen Informationsdefizit der Mehrheit. Damit verbunden ist die mehr oder weniger offen artikulierte Sehnsucht nach einer kontrollierten Verabreichung von Information. Unserer Meinung nach gibt es gute Gründe, die Kausalität hier umzudrehen. Pointiert ausgedrückt: Information wird auch in der Politik vor allem dort generiert, wo neue Fragen auftauchen; indem der demokratische Streit solche Fragen auf die Tagesordnung setzt, produziert er zusätzliche Information und ermöglicht neben neuen Perspektiven auch neue Antworten auf politische Fragen. Der pointierteste Hinweis auf diesen Zusammenhang stammt vom amerikanischen Historiker Christopher Lasch:

»Wer das Streitgespräch als Essenz der Bildung betrachtet, wird in der Demokratie zwar nicht das effizienteste, aber das am meisten bildende Instrument der Politik erkennen müssen, weil sich dadurch der Zirkel der Debatte ausweitet und sämtliche Bürger dazu gezwungen werden, ihre Sichtweise zu artikulieren und sie dem Risiko [des Widerspruchs und der Widerlegung] auszusetzen. Und gleichzeitig fördert es die Kultivierung von Tugenden wie Eloquenz, Klarheit des Gedankens und des Ausdrucks sowie von solidem Urteilsvermögen.«[17]

Indem die Elitedemokratie das demokratische Leben auf Wahlen und Abgeordnete beschränkt und die politische Partizipation auf das Minimum reduziert, behindert sie die Informationsbeschaffung durch das von Lasch genannte demokratische Streitgespräch. Denn es gibt gute Belege dafür, dass das Informationsniveau in Demokratien, die Referenden und Initiativen als politische Instrumente zulassen, höher ist als in rein repräsentativen. Berufspolitiker betonen oft und gern, wie wichtig gut informierte Bürger für eine funktionierende Demokratie seien. Da haben sie zweifellos recht. Nur verträgt sich diese Überzeugung schlecht mit der Weigerung, das repräsentative Regieren in Richtung einer partizipatorischen Demokratie zu reformieren. Denn ob es den Betreffenden bewusst ist oder nicht: Das repräsentative System orientiert sich am epistokratischen Ideal, nicht am demokratischen.[18]

>><<

Dieses Buch ist in mehrfacher Hinsicht dem Geist der Demokratie verpflichtet. Erstens handelt es sich um das Resultat eines Gesprächs unter Gleichen, die das Phänomen ganz bewusst mit dem Rüstzeug von zwei verschiedenen Disziplinen ausleuchten – also nicht interdisziplinär, wie es im Wissenschaftsbetrieb meist trendbewusst heißt, sondern aus der Sicht der Geschichte einerseits und der Ökonomie andererseits. Dabei hielten wir dem Prinzip der modernen Arbeitsteilung die Treue: Der Historiker verfasste die Kapitel des ersten Teils, der Politische Ökonom hat die Kapitel des Zweiten Teils geschrieben. Zu Beginn fragten wir uns, ob sich unsere jeweiligen beruflichen Deformationen – der Historisierungswahn des Historikers und die Rationalisierungsmanie des Ökonomen – miteinander vertragen würden. Diese Befürchtung stellte sich als weitgehend unbegrundet heraus. Heute sind wir sogar davon überzeugt, dass sich unsere unterschiedlichen Blickwinkel und Zugängen in produktiver Weise ergänzen. Auch hier erweist sich die offen formulierte Differenz als Erkenntnisvorteil. Das bedeutet in unserem Falle auch, dass wir bei Meinungsverschiedenheiten nicht auf die Idee kämen, einer von uns liege zwangsläufig falsch.

Dass es sich bei den Autoren um Schweizer handelt, von denen der eine (als Spross eines Süddeutschen und einer Baslerin) schon lange die britische Staatsbürgerschaft besitzt und der andere sieben Jahre in Deutschland als Universitätslehrer gewirkt hat, mag ihre Sicht auf die demokratische Wirklichkeit ihrer eigenen Lebenszeit bis zu einem gewissen Grad beeinflusst haben. Um Leser zu beruhigen, die unseren schweizerisch-britischen Blick bei diesem Thema als Nachteil empfinden, sei uns eine letzte Vorbemerkung erlaubt: Wir wollen nicht recht haben, wir wollen zur Diskussion anregen.

I. Grundwidersprüche der Demokratie

>>>> ERSTES KAPITEL:

Ein französischer Abbé erfindet die moderne Demokratie

Ein Steckbrief des Erfinders der modernen Repräsentativdemokratie könnte ungefähr so lauten: Ein mit Statusproblemen kämpfender Kleriker und ausgewiesener Misanthrop aus der französischen Provinz, von dem bis zum Sommer 1789, als die Französische Revolution ihren Lauf nahm, nur wenige Franzosen je etwas gehört, geschweige denn gelesen hatten, wurde dank seinem eisernen Willen, seiner intellektuellen Brillanz und seinem Glauben an die eigene Mission innerhalb von Wochen zur welthistorischen Figur.

Wer sich für die Demokratie interessiert, sollte die Schriften von Emmanuel Joseph Sieyès (1748–1836) lesen. Nicht etwa, dass der umtriebige Franzose als Vorläufer von Willy Brandts Ruf nach mehr Demokratie zu betrachten wäre. Die Demokratie im Sinne des 20. Jahrhunderts gab es damals, als Sieyès die politische Bühne betrat, noch gar nicht. Auch war seine Haltung gegenüber dem Ideal der demokratischen Mitbestimmung durchaus widersprüchlich. Sieyès' Kampf galt dem Ziel, die Herrschaft des Adels durch jene der Bürger zu ersetzen. Er war der wortgewaltigste Fürsprecher jenes bürgerlich-urbanen Standes, dem er als Kleriker selbst angehörte. Doch obschon Sieyès kein überzeugter Demokrat war, spielte er virtuoser auf der Klaviatur der Volksherrschaft als alle seine Zeitgenossen innerhalb und außerhalb Frankreichs.

Um den Sachverhalt in heutige Begriffe zu fassen: Sieyès versuchte, den liberalen Verfassungsstaat mit dem Ideal der nationalen Souveränität zu fusionieren. Die Spannungen, die dieser Versuch zutage fördert, halten die moderne Demokratie bis heute auf Trab. Sie lassen sich mit einigen Fragen zumindest andeuten: Wie lässt sich der auf Individualrechte gebaute liberale Staat mit dem demokratischen Gleichheitsideal, und wie mit dem demokratischen Mehrheitsprinzip vereinen? Wird das demokratische Versprechen der politischen Mitbestimmung durch ein Repräsentativsystem eingelöst, oder kommt letzteres einer Beschneidung demokratischer Rechte gleich? Lässt sich eine moderne Demokratie besser mit zentralistischen oder dezentralen Strukturen verwirklichen?

>><<

Doch werfen wir zuerst einen Blick auf unseren Protagonisten: Als Sohn eines mittleren königlichen Beamten im Küstenstädtchen Fréjus in der Provence geboren, entschied sich Emmanuel Joseph Sieyès schon früh für eine Laufbahn im Klerus. Im Pariser Priesterseminar Saint-Sulpice, das er ab 1765 besuchte, galt er als mediokrer Student, dem es an Leidenschaft für theologische Fragen fehlte. Und gleichzeitig bewies er schon bald sein ausgesprochenes Talent für alles Philosophische, besonders die bedeutenden Werke von Condillac, Bonnet, Helvetius, Grotius, Locke, Quesnay, Mirabeau und Turgot. In einer frühen persönlichen Notiz beschrieb sich Sieyès denn auch nicht als Theologe, sondern als Priester der Wahrheit: »Das hervorstechende Merkmal seines Geistes ist die Leidenschaft für die Wahrheit. Hat er sich einmal eines Themas angenommen, so will er es vertiefen und in all seinen Facetten durchdringen, bevor es sich zu einem Ganzen verdichtet.«[19]

Gleichzeitig gab Sieyès freimütig zu, dass ihm die Geduld fürs Verfassen längerer Texte fehle. Erst als die sozialen und politischen Spannungen der 1780er Jahre sein Bedürfnis weckten, Einfluss aufs Zeitgeschehen zu nehmen, lief er zu produktiver Hochform auf. Das war insofern ein Glück, als sich Sieyès auf dem Gebiet der politischen Philosophie schon bald als origineller Kopf erwies. Auch deshalb empfand er es als erniedrigend, dass er sein einträgliches Kirchenamt der Patronage adliger Kirchenmänner verdankte. Im Jahr 1773, als ihn ein Vorgesetzter erfolglos für eine höhere Position empfohlen hatte, schrieb er in sein Tagebuch: »Dieser Misserfolg schmerzt ihn selbstverständlich weniger als mich selbst. Hätte die Sache sich gemäß seinen Plänen verwirklicht, wäre ich *alles* geworden, anstatt ein *Niemand* zu bleiben.« Sechzehn Jahre später verwendete Sieyès denselben Gegensatz von alles oder nichts, um die Erhebung des Dritten Standes zur Nation einzufordern. Seine mit Abstand berühmteste Schrift, das Ende 1788 abgeschlossene und im Januar 1789 veröffentlichte, über hundert Seiten lange Pamphlet *Qu'est-ce que le Tiers État* (»Was ist der Dritte Stand?«), beginnt mit einem rhetorischen Paukenschlag:

> »Der Plan dieser Schrift ist ganz einfach. Wir haben uns drei Fragen vorzulegen.
>
> 1. Was ist der Dritte Stand? Alles.
> 2. Was ist er bis jetzt in der staatlichen Ordnung gewesen? Nichts.
> 3. Was verlangt er? Etwas darin zu werden.«

Sieyès machte mithin deutlich, dass es bei Politik und Verfassung neben rechtlichen vor allem um Fragen der sozialen Anerkennung geht. Und da er seine Gedanken mit der intellektuellen Schärfe des geschulten Predigers formulierte, erscheint es im Nachhinein fast logisch, dass er schon bald zum Star der aufgeklärten Pariser Gesellschaft wurde. Doch der ehemalige Kirchendiener war kein Schreibtischtäter. In der 1789 geschaffenen Nationalversammlung vertrat Sieyès den Dritten Stand von Paris – also jenes wohlhabende und gebildete Bürgertum, mit dessen Ängsten und Ambitionen er sich zeitlebens identifizierte. Zur 1791 verwirklichten und bis heute gültigen territorialen Neuordnung Frankreichs leistete er einen ebenso entscheidenden Beitrag wie zum Staatsstreich Napoleon Bonapartes am 9. November 1799. Obschon Sieyès kein Jakobiner war, stimmte er im Dezember 1792 für die Hinrichtung des französischen Königs Louis XVI. Als er einmal gefragt wurde, was er während des jakobinischen Terrors gemacht habe, soll er geantwortet haben: »J'ai vécu« – »Ich habe gelebt«. Dass er als Mitglied der patriotisch-moderaten Fraktion die blutigste Phase der Revolution überlebte, grenzt an ein Wunder.

Die beiden großen Themen, die Sieyès ein Leben lang umtrieben, sind die Legitimation der politischen Macht im Staat und die Gewaltenteilung. Konkret beschäftigte er sich in seinen Schriften mit drei Fragen:

Wer stellt die höchste Macht im Staat dar (Frage der nationalen Souveränität)?

Welcher Staatsaufbau bildet die verfassungsrechtlichen Herrschaftsverhältnisse im Staat am besten ab (Frage der territorial-administrativen Gliederung)?

Wie lässt sich der Wille des bürgerlichen Souveräns politisch umsetzen (Frage der politischen Repräsentation)?

>><<

Für Sieyès ist es nicht der König, der die Herrschaft im Staat ausüben soll, sondern die Nation in ihrer Gesamtheit. Diese definiert er als eine »Körperschaft von unter einem gemeinsamen Gesetz Assoziierten«. Von seiner sozialen Substanz her entspricht die Nation nach Sieyès dem Dritten Stand der Bürger, der sich in vier wirtschaftlich produktive Klassen aufteilt: Bauern und Landarbeiter (Landwirtschaft); verschiedene Typen von Produzenten (Industrie); Ladenbesitzer und Händler (Handel); und schließlich die Vertreter der freien Berufe, inklusive Lehrer und Beamte. Diese letzte Gruppe, zu der Sieyès insbesondere auch die Intellektuellen zählt, ist zuständig für das moralische Wohl des Staates. Und man sollte es gleich noch einmal wiederholen: Der aus vier Berufsklassen bestehende Dritte Stand ist nach Sieyès nicht lediglich ein Teil der französischen Nation – er verkörpert die Nation in ihrer Gesamtheit. Ihm allein steht es in letzter Instanz zu, die Geschicke des Staates durch Erlass von Verfassung und Gesetzen zu bestimmen.

Als Wegweiser für seine Idee der nationalen Souveränität dienen Sieyès nicht etwa die klassischen Vorbilder Rom und Athen, sondern die politische Ökonomie. Eine eigenwillige Synthese der Philosophien von Montesquieu und Adam Smith bestimmt sein Bild des modernen Staates. Hier unterscheidet Sieyès – der französischen Aufklärung in der Tradition Voltaires folgend – zwischen drei Epochen der Entwicklung. In einer ersten, archaischen Phase dominiert der individuelle Wille, wodurch ein Streben nach politischer Organisation weitgehend verhindert wird. In einer zweiten Phase beginnen die Menschen, auf der Grundlage eines sozialen Vertrages einfach strukturierte politische Gemeinschaften zu gründen. Erst in der dritten Phase kommt es zur Ausbildung jener intensiven Arbeitsteilung und Konkurrenz, die Freiheit im modernen Sinne ermöglicht. Erst in dieser Phase entsteht der moderne Staat. Die Aufgabe der Elite des Landes besteht nach Sieyès darin, diesen Übergang zum modernen Staat zu erkennen und durch Schaffung entsprechender Institutionen zu erleichtern.

Das von Sieyès begründete Modell der Nation und ihres Machtanspruchs setzte sich bereits in der ersten Phase der Französischen Revolution durch. Am 10. Juni 1789 übernahm er die Führungsrolle im damals tobenden Verfassungskonflikt. Im Einklang mit seiner Schrift forderte er den Klerus und den Adel auf, dem Dritten Stand beizutreten und dadurch die ständische Ordnung ein für allemal zu begraben. Der mit dieser Forderung verknüpfte Grundsatz – dass die Nationalversammlung als Vertretung des Dritten Standes allein das höchste Organ im Staat bilden soll – findet sich explizit auch in seinem berühmtesten Werk, *Qu'est-ce que le Tiers État?*: »Die Nation geht allem voraus, sie ist die

Quelle von allem. Ihr Wille ist stets legal, sie ist das Recht an sich.« Damit erklärt Sieyès die Nation im Leben des französischen Staates zur obersten Verfassungsgeberin. Nur die Nation besitzt nach ihm die Autorität, die Verfassung durch ihre Repräsentanten zu verändern.

Mit seiner Theorie der nationalen Souveränität beseitigt Sieyès die bisher geltende Drei-Stände-Ordnung, in dem der Klerus (Geist) über dem Adel (Militär) und dieser über den gemeinen Leuten (Arbeit) thront. Sein Beschluss: Nur falls sich der Adel und der Klerus bereit erklären, dem Dritten Stand beizutreten, werden sie selbst Teil der Nation. Weigern sich die beiden führenden Stände, diesen Schritt zu vollziehen, so stellen sie sich außerhalb der Nation. Sieyès konzediert zwar, dass auch der Adel wichtige administrative Funktionen ausführe; doch dieser besetze nach ihm in Frankreich lediglich die lukrativen Posten innerhalb der Staatsverwaltung, während die Angehörigen des Dritten Standes sämtliche Rollen bekleiden, einschließlich der am geringsten entlohnten. 95 Prozent aller öffentlichen Aufgaben werden gemäß Sieyès vom Dritten Stand wahrgenommen. Als noch schlimmer empfindet es Sieyès, dass der Adel bei den lukrativen Ämtern ein eigentliches Monopol betreibe. Sein Dasein sei nicht von derselben Arbeitsteilung und Konkurrenz bestimmt, die den Alltag des Dritten Standes dominieren und ihn damit zur eigentlichen Avantgarde der Moderne werden lassen.

Im Vergleich zum Adel behandelt Sieyès den Klerus auffällig mild. Im Gegensatz zu den Adligen, die den Dritten Stand angeblich verachten, handle es sich bei den Vertretern der katholischen Kirche in der Regel um Diener des öffentlichen Wohls. Dieser Logik folgend beschreibt Sieyès den Klerus nicht als separaten Stand, sondern als Teil der Staatsverwaltung. Zudem komme der Klerus für die Gehälter seiner Angestellten selber auf. Im Sommer 1789 empörte sich Sieyès deshalb in der Nationalversammlung über den Beschluss, den Kirchenbesitz zu nationalisieren und die steuerliche Privilegierung des Klerus abzuschaffen. Mit seiner Verteidigung des Klerus widerspricht Sieyès der Logik seiner Forderung nach Abschaffung aller privilegierten Stände. Denn von den Steuerprivilegien des Klerus erfährt man in *Qu'est-ce que c'est le Tiers État?* genauso wenig wie von dessen Sonderstatus im Bereich der Rechtsprechung. Auch erwähnt Sieyès mit keinem Wort die Aufgaben, die der von ihm verschmähte Adel im Militär, im Gerichtswesen oder in der öffentlichen Verwaltung in den Jahrzehnten vor der Revolution erfüllte. Auch dass zahlreiche Adlige im vorrevolutionären Frankreich unternehmerisch tätig waren, wird in seinen Schriften nirgends vermerkt.

>><<

Den zweiten Hauptfeind der Nation macht Sieyès in den alten historischen Provinzen Frankreichs aus. Diese vermochten sich trotz der absolutistischen Tendenzen seit Louis XIV. (1638–1715) ein Stück weit als partikulare, mit eigenen Gesetzen und Mentalitäten ausgestattete Körperschaften zu halten. Wie der Adel verkörpern sie für Sieyès jene auf Privilegien und Sonderrechten erbaute Ordnung, die es im Namen der einen und unteilbaren Nation auszumerzen gilt. Solange die Nation aus mit unterschiedlichen Rechtsordnungen (etwa bezüglich Steuern, Erbangelegenheiten und Nutzungsrechten) und Kulturen (etwa bezüglich Sprache und Dialekt) ausgestatteten Regionen und Kommunen besteht, ist sie nach dieser Logik nicht wirklich souverän; denn Souveränität setzt in diesem Denken stets ein hohes Maß an innerer Homogenität voraus. Wenn es den unteilbaren Willen der Nation wirklich gibt – woran Sieyès und seine Fürsprecher nicht zweifelten –, dann verstößt die institutionelle Struktur des vorrevolutionären Frankreichs gegen diesen Grundsatz.

Als Mitglied der verfassungsgebenden Kommission war Sieyès 1789 die treibende Kraft bei der bis heute unverändert gebliebenen territorialen Neuordnung Frankreichs. Damals wurden die historischen Provinzen nach seinen Vorschlägen und Empfehlungen aufgehoben und durch neue administrative Einheiten – Departemente, Kantone und Kommunen – ersetzt. Diese administrative Revolution fand in der Verfassung von 1791 ihren Niederschlag. Für Sieyès ging es bei dieser Reform also um nichts weniger, als die politische Organisation des Staates mit der in der Verfassung geforderten Gleichheit und Einheit Frankreichs in Einklang zu bringen. Die auf dem geometrischen Reißbrett vorgenommene Neuorganisation des französischen Territoriums war politisch motiviert. In diesem Geiste hielt Sieyès 1789 in einem Bericht zur geplanten Verwaltungsreform fest:

> »Schon lange bin ich überzeugt von der Notwendigkeit, Frankreich einer neuen territorialen Aufgliederung zu unterziehen. Sollten wir uns diese Gelegenheit entgehen lassen, so wird sie nicht wiederkehren. Dann würden die Provinzen ihren Esprit de Corps, ihre Privilegien, ihre Prätensionen und ihr eifersüchtiges Gehabe bis in alle Ewigkeit fortsetzen. Dann wird Frankreich nie zu jener politischen Union finden, die es braucht, damit aus ihm ein großes Volk wird, bestimmt von einheitlichen Gesetzen und unter der Obhut einer einzigen Verwaltung.«[20]

So gesehen überrascht es nicht, dass Sieyès im Mehrkammersystem ein Überbleibsel jenes Korporatismus erblickt, den Frankreich im Namen des nationalen Fortschritts zu überwinden habe. Für ihn steht insbesondere außer Zweifel, dass jede Konzession an eine dezentrale Entscheidungsgewalt eine Schwächung des nationalen Willens bedeuten musste: »Zwei Pferde, vor die gleiche Kutsche gespannt und dabei gleichzeitig angewiesen, sich in verschiedene Richtungen zu bewegen. Und so treten sie denn, entgegen den Anweisungen des Kutschers und trotz lautem Gestampf der Hufe, an Ort und Stelle – bis sie vor die Kutsche des Königs gespannt werden, die ihnen die Richtung vorgibt. Auf diese

Kutsche wollen wir aber ja gerade verzichten.«[21] Die Befürchtung, die in diesem Zitat zum Ausdruck kommt, ist klar und im Falle Frankreichs historisch auch nicht unbegründet: Wo die Nation mit mehreren Stimmen spricht, droht eine Neuauflage jenes königlichen Absolutismus, der Frankreichs Staatswesen seit Louis XIV bestimmte. Aus Sieyès' Sicht formuliert: Soll die Nation die absolute Herrschaft übernehmen, dann muss sie ihren Partikularismus – ob in Form des Adels oder des Provinzialismus – überwinden. Eine Nation, die sich als Ansammlung von Korporationen und nicht als einheitliches Ganzes präsentiert, hat keine Zukunft.

>><<

Dass sich das Schimpfwort des Korporatismus letztlich auf alles bezieht, was sich dem Gesetz der modernen Arbeitsteilung widersetzt, zeigt sich auch in Sieyès' Konzept der Repräsentation. Denn das Radikale an seinem Programm besteht gerade darin, dass er auch die Staatspolitik konsequent in Kategorien einer modernen Arbeitsteilung dachte. Mithilfe dieses Modells gelingt es ihm, ein gut situiertes Bürgertum als Treuhänder des nationalen Willens auf den Schild zu heben. Nach Sieyès kommt es nämlich erst in der dritten (also modernen) Phase menschlicher Entwicklung zur Ausbildung eines »repräsentativen allgemeinen Willens«.

Anders als Rousseau begründet er seine Forderung, wonach das Bildungsbürgertum die Führung im Staat zu übernehmen habe, nämlich keineswegs pragmatisch. Rousseau hatte mit Bedauern konzediert, dass in großen Staaten der nationale Wille nur vermittelt über Repräsentanten zum Ausdruck kommen könne. Dagegen argumentierte Sieyès konsequent mit Bezug auf die politische Ökonomie: Genauso wie man sich vertreten lässt, wenn man einen Schneider oder eine Fabrik mit der Produktion eines Hemdes oder einer Hose beauftragt, anstatt diese Dinge des alltäglichen Gebrauchs selber herzustellen; oder indem man seinen Brief dem Postbeamten übergibt, anstatt ihn selber von Paris nach Bordeaux zu tragen, genauso lässt man sich vertreten, wenn es um die Gestaltung des Staates durch den Erlass von Verfassung und Gesetzen geht.

Nur eine Staatspolitik, die nach diesem Grundsatz verfahre, sei der Wohlfahrt der Bürger förderlich. Dagegen sei die reine Demokratie das Produkt einer primitiven Entwicklungsstufe, auf der die Arbeitsteilung noch kaum bekannt gewesen sei. Sieyès' Verbindung staatlicher Politik mit der Idee einer auf einem Spezialistentum gründenden Arbeitsteilung kommt in folgendem Zitat zum Ausdruck:

> »Lasst uns nach vorne schauen. Nun sind die Assoziierten äußerst zahlreich geworden und bewohnen ein sehr großes Territorium, was ihnen die Ausübung ihres gemeinsamen Willens so gut wie verunmöglicht. Was tun sie in dieser Situation? Sie teilen alles, was zur Befriedigung der öffentlichen Angelegenheiten nötig ist, untereinander auf. Und gleichzeitig überlassen sie jenen Teil des Willens der Nation, mithin jenen Teil der nationalen Macht, einigen Wenigen aus ihrer Mitte. Hier befinden wir uns in der dritten Epoche: der Epoche des Regierens durch Agenten.«[22]

Hier wird deutlich, welche Wendung Sieyès den Theorien von Adam Smith und Montesquieu gibt. Anders als bei Smith sind bei ihm Arbeitsteilung und Spezialisierung nicht Instrumente zur Steigerung von wirtschaftlicher Produktivität und Wohlstand. Anders auch als bei Montesquieu geht es ihm nicht in erster Linie um das Florieren des Handels und der Kultur als Fundament der Freiheit. Arbeitsteilung bedeutet für Sieyès die Teilung der Bevölkerung in verschiedene Berufsgruppen.[23] Ein wenig frivol formuliert: Der Revolutionär aus Südfrankreich ist ein Fan der Spezialisten und Experten, in ihnen sieht er den Treiber von moralischem Fortschritt und Freiheit. Dabei folgt er dem Grundsatz: Je weniger Aufgaben man im Alltag selbst erledigen muss, desto mehr Zeit bleibt einem für die moralische Vervollkommnung der eigenen Person und des eigenen Gemeinwesens.

Diese Arbeit an der gesellschaftlichen Moral ist allerdings für Sieyès kein demokratisches Projekt, sondern Aufgabe eines besonderen Milieus, dessen Angehörige sich durch außerordentliches Wissen und Vernunft auszeichnen. 1793 hielt er diesbezüglich fest: »Ignorante Knechtschaft besteht darin, Dinge einfach passieren zu lassen; ... aufgeklärte Repräsentation besteht darin, Dinge zu erledigen. Dinge zu erledigen bedeutet, sie in Auftrag zu geben, indem man einen Experten auswählt, der sie erledigt.«[24]

Auch wenn Sieyès niemals müde wird, die arbeitende Bevölkerung als nationalen Souverän zu glorifizieren und den Adel als Blutsauger zu verunglimpfen, so zögert er doch genauso wenig, die Ausführung des nationalen Willens einer neuen Aristokratie der Wissenden und Weisen anzuvertrauen. Es handelt sich um jene Gruppe, zu der er selbst qua Ausbildung und Profession gehört. Zwar argumentiert Sieyès in den ersten beiden Kapiteln seiner Hauptschrift, Privileg und wirtschaftliche Untätigkeit hätten in der modernen Nation nichts verloren – nur um dann im fünften Kapitel zu behaupten, das Geschäft der Politik und des Staatsdienstes sei im Interesse des Gemeinwohls einer privilegierten Minderheit zu überlassen.

Der herausragende Interpret von Sieyès, der Historiker William H. Sewell jr., hat diesen scheinbaren Widerspruch als Folge der Selbstverliebtheit des ehemaligen Klerikers gedeutet. Sieyès, so könnte man im Sinne Sewells sagen, war ein vom eigenen Statusressentiment getriebener Revolutionär in eigener Sache. In seinem abstrakt-aufklärerischen Denken verkörpert der Dritte Stand die soziale Kategorie der Produzenten. Mit der Wirklichkeit der französischen Gesellschaft des späten 18. Jahrhunderts hatte diese Sichtweise jedoch wenig zu tun: Die wirtschaftlich produktivsten Elemente – die kleinen und großen Unternehmer, die Industriellen, die Händler der Hafenregionen – waren für die aktive Politik kaum verfügbar. Dazu fehlte es den Treibern der von Sieyès gepriesenen Moderne an der nötigen Zeit und Muße. Denn im Gegensatz zu den Sklaven haltenden Bürgern Athens oder manchen Freiberuflern und Kirchenverwaltern der französischen Städte lebten die meisten Produzenten ja von ihrer eigenen Arbeitsleistung. Letztlich wendete sich Sieyès in seinem Pamphlet an eine kleine Gruppe von wohlhabenden Rentenbeziehern unterschiedlichen Alters, die sich in dieser Beziehung, wie er selbst, kaum vom Adel unterschieden.[25]

Wie bei seinem Programm zur territorialen Reform wird auch hier deutlich, dass Sieyès jedes horizontale System der Gewaltenteilung durchgehend ablehnt. In seiner Vision des Staates bleibt die Gewaltenteilung strikt hierarchisch organisiert. Mit seiner Idee der Nation als der konstituierenden Gewalt im Staat will er den aktiven Einbezug der Bürger auf Verfassungskrisen beschränken. Etwas zugespitzt gesagt: Das Schweigen der Nation im Sinne eines *self-government* der bürgerlichen Mehrheit darf nur während gesellschaftlicher Krisen für kurze Zeit gebrochen werden. Aber sogar in einer solchen Ausnahmesituation soll der Einfluss der Bürger durch indirekte Wahlen angemessen gefiltert werden. Selbst in diesen Momenten der verfassungspolitischen Erneuerung soll deren Stimme, wie durch ein Brennglass, mehrfach gebrochen werden.

Die vertikale Spaltung der politischen Nation nach dem Expertenprinzip ist für Sieyès fraglos legitim. Und zwar nicht mehr, wie noch im *Ancien Régime* üblich, in von Gott verordnete Stände, sondern in eine politisch nicht vertrauenswürdige (weil ungebildete) Mehrheit und eine für die politische Macht auserwählte bürgerliche Minderheit. Sieyès geht es um die kontrollierte Verabreichung einer Version von Politik, die er mit Fortschritt gleichsetzt. Die prinzipielle Offenheit der Demokratie ist ihm ein Dorn im Auge. Die Kapazität, sie im Interesse seines eigenen Standes zu kontrollieren, ist ihm alles.

>><<

Im Wesentlichen bringt Sieyès' Ruf nach Ermächtigung des Dritten Standes die Herausforderungen ans Licht, mit denen sich ein liberales Bürgertum konfrontiert sieht, das sich zum Ideal der Volksherrschaft bekennt. Seine Schriften dokumentieren, dass die Überwindung des Absolutismus durch eine mit demokratischem Anspruch auftretende Bewegung neben Begeisterung auch ein gutes Maß an Kopfzerbrechen und Angst vor Statusverlust auslöste. Diesen Verlustängsten versuchte Sieyès mit bestimmten politischen Forderungen und Strategien zu begegnen. Davon scheinen mir drei besonders diskussionswürdig, weil sie im Leben der Demokratie bis heute eine herausragende Rolle spielen.

Die erste Strategie besteht darin, den dritten Stand, und damit den politischen Zuständigkeitsbereich der Nation, sozial einzuhegen. Mit seiner Rhetorik des Dritten Standes als gesamter, zur politischen Alleinherrschaft auserkorener Nation traf Sieyès zweifellos die Befindlichkeit weiter Teile des damaligen Bürgertums. Diese Strategie kommt in der Eingangspassage seiner berühmten Schrift zum Ausdruck – einer meisterhaften Passage, die ich schon wegen ihrer sozialpsychologischen Bedeutung noch einmal zitieren möchte: »1. Was ist der Dritte Stand? Alles. 2. Was ist er bisher in der staatlichen Ordnung gewesen? Nichts. 3. Was verlangt er? Etwas darin zu werden.«

So weit, so ergreifend. Doch während Sieyès seine Schrift mit diesem gegen den Adel gerichteten Paukenschlag beginnen lässt, geht es ihm in der Folge vor allem darum, den Herrschaftsbereich der Nation zugunsten einer Minderheit einzuschränken. Die Argumente, mit denen er diesen Schritt rechtfertigt, sind durch und durch epistokratisch: Konkret spricht er sich für eine Herrschaft der Wissenden aus, die aufgrund ihrer angeblich überlegenen Einsichten den nationalen Willen repräsentieren sollen. Hier manifestiert sich ein Phänomen, das sich seit gut 200 Jahren wie ein roter Faden durch die Geschichte der Demokratie zieht: Ihre Tendenz, mit der Zeit in einen aufgeklärten, mit demokratischen Floskeln garnierten Absolutismus zu mutieren.

Bei der zweiten Strategie geht es um die Konzentration der Entscheidungsgewalt in einem einzigen staatlichen Zentrum. Der Versuchung, die politische Herrschaft zu zentralisieren, sind fast alle westlichen Staaten bis zu einem gewissen Grad erlegen. Frankreich ist hier nur insofern ein Sonderfall, als die französische Elite die Gleichsetzung von dezentralen Strukturen mit negativ konnotiertem Partikularismus bis heute ganz offen vertritt. Und doch gilt auch in den meisten anderen europäischen Ländern: Wo Subsidiarität und Föderalismus draufsteht, ist oft zentraler Machtanspruch drin. Heute gilt das bekanntlich teilweise sogar für ein dezentral verfasstes Staatswesen wie die Schweiz.

Die Ursachen für die seit dem 19. Jahrhundert beobachtbare Tendenz hin zur Zentralisierung sind zweifellos vielschichtig. Auch die Passivität der historischen Kommunen und Regionen spielt der Machtallokation des Zentralstaats in die Hände. Schwerer wiegt jedoch die Tatsache, dass die Gesetzgeber und Verfassungshüter der meisten Länder sich ihren Staat in Kategorien einer vertikalen Gewaltenteilung dachten und denken. Wie Sieyès vor mehr als 200 Jahren wähnen sie die Existenz einer höheren Wahrheit im Besitz einer dem Fortschritt verpflichteten Bildungselite und damit in der Regel: bei sich selbst. Der Zentralstaat ist Ausdruck dieses im Grunde technokratischen Glaubens. Eine horizontale Gewaltenteilung ist immer auch ein Bekenntnis zur Gleichwertigkeit unterschiedlicher Erfahrungsbestände. Zugespitzt formuliert, läuft der Zentralstaat auf die Negierung der Einsicht hinaus, dass es im selben Land auf Schlüsselfragen verschiedene vernünftige Antworten geben kann.[26]

Die dritte Strategie ist in den ersten beiden bereits enthalten: Die Angst vor den Folgen eines demokratischen *self-government* begründet den Ausschluss großer Teile der Bevölkerung von der aktiven politischen Beteiligung. Bei Sieyès war es der Adel, der von der Nation ausgeschlossen werden sollte. Doch in seinem Pamphlet wird rasch deutlich, dass seine Skepsis vor allem der breiten Masse der Bevölkerung gilt. Wie ist es möglich, in einer Schrift, die das hohe Lied der bürgerlichen Gleichheit anstimmt, gleichzeitig den Ausschluss der Mehrheit von der politischen Entscheidungsgewalt zu fordern? Sieyès schafft das Kunststück, indem er eine erwählte Minderheit zum Träger des nationalen Willens erklärt. Ihr sei es aufgrund ihres überlegenen Durchblicks vorbehalten, die Nation in ihrer Gesamtheit zu vertreten.

Zwar besaß im revolutionären Frankreich die Mehrheit der männlichen Bürger das Wahlrecht, aber durch das indirekte Wahlsystem wurde ihr Einfluss mehrfach gefiltert. Dieses System bestand aus drei nach Grundbesitz und Steuerleistung definierten Kreisen von wahlberechtigten Bürgern. Zum ersten und größten Kreis gehörten jene, die berechtigt waren, die Wahlmänner (Elektoren) zu wählen. Der zweite Wahlkreis der Elektoren bestand aus jenen, denen es zustand, die Abgeordneten zu wählen. Und der dritte Kreis setzte sich schließlich aus jenen zusammen, die aufgrund ihrer Steuerleistung befugt waren, als Abgeordnete zu kandidieren. Im Jahr 1791 qualifizierten sich aufgrund der genannten Kriterien zwei Drittel der männlichen Bürger für die Mitgliedschaft im ersten Kreis; von diesem Gros der »aktiven Bürger« durften sich drei Fünftel an der Wahl der Abgeordneten beteiligen. Doch nur knapp ein Fünftel der aktiven Bürger besaß auch das Recht, als Abgeordnete zu kandidieren. Auf diese Weise entzog man der Mehrheit die demokratische Mitsprache, ohne das Kind beim Namen nennen zu müssen. Neben Minderjährigen wurden auf diese Weise auch Frauen, Dienstboten und Menschen ohne gesicherte Einkünfte faktisch von der Gestaltung des Staates ausgeschlossen. Denn bei diesen drei Gruppen handelte es sich laut aufgeklärtem Zeitgeist um Abhängige – ihnen fehlte angeblich die Kapazität, politische Fragen selbständig zu beurteilen. Sie mussten warten, bis sie die Reife erreichten, die Sieyès für sich und die Seinen in Anspruch nahm.[27]

Wir haben Emmanuel Sieyès am Anfang dieses Kapitels als den ebenso brillanten wie wortmächtigen Mitbegründer der modernen Demokratie vorgestellt. Nun sehen wir, dass damit nicht eine Demokratie im wirklichen Sinne gemeint ist, sondern eine Form des repräsentativen Regierens. Darin bleibt das Recht auf aktives politisches Mitwirken – und damit die wirkliche Macht in Staat und Gesellschaft – auf eine relativ kleine Schicht von Wohlhabenden und Gebildeten beschränkt. Ihr allein wird die Gabe zugeschrieben, Sachverhalte im Sinne des Gemeinwohls kompetent beurteilen zu können. Zugegeben: Es gibt in den modernen Demokratien des Westens heute keinen Wahlzensus mehr. Doch der Grundgedanke des von Sieyès begründeten Systems ist immer noch der gleiche. Danach sollen die wahlberechtigten Bürgerinnen und Bürger in ihrer überwiegenden Mehrheit keineswegs aktiv in Erscheinung treten; ihre Aufgabe besteht lediglich darin, dem repräsentativen System durch die Wahl von Volksvertretern ihre Reverenz zu erweisen.

>>>> ZWEITES KAPITEL:

Demokratie oder Epistokratie?

Wie viel Demokratie verträgt die öffentliche Ordnung? Löst das System der Repräsentation, das Sieyès für das einzig angemessene für den modernen Staat hielt, den Anspruch nach gleichberechtigter politischer Teilnahme ein? Lässt sich das revolutionäre Ideal der nationalen Souveränität im Sinne von demokratischer Selbstbestimmung mit einem Regierungssystem vereinen, in dem die Macht einer gebildeten und wohlhabenden Minderheit vorbehalten bleibt? Diese Fragen provozierten im 19. Jahrhundert in ganz Europa heftige Kontroversen. Doch die Spannungen und Widersprüche, die sich darin manifestierten, haben sich keineswegs überlebt. Sie sind in den Demokratiekonflikten, die wir heute erleben – man denke nur an die Kritik an der Expertokratie und der Classe Politique, oder an die Spannungen zwischen nationalen und supranationalen Gerichten und Behörden – immer noch präsent.

Wer diese Konflikte in ihrer Grundsätzlichkeit verstehen möchte, richtet seinen Blick mit Vorteil noch etwas länger auf Frankreich; denn dort manifestierten sich diese im Jahrhundert nach 1789 mit besonderer intellektueller Schärfe und sozialer Wucht. Frankreich war bis zur Mitte des 19. Jahrhunderts das politische Laboratorium Europas schlechthin. Insbesondere erwies es sich als zentrales Experimentierfeld im Konflikt zwischen den demokratischen und liberalen Bewegungen, die sich damals auf dem europäischen Kontinent teilweise heftig bekämpften.

Die liberale Antwort auf die eingangs gestellten Fragen fielen überwiegend negativ aus. 1834 brachte der Journalist und

Autor Charles de Rémusat (1797–1875) die Position des *Juste Milieu* so auf den Punkt: »Wir sind die Regierung der Bourgeoisie!« Mit seinem Satz beschrieb Rémusat die Legitimationsgrundlage der im Juli 1830 etablierten konstitutionellen Monarchie: Nicht Abstammung sollte die Menschen zur Teilnahme an der politischen Macht qualifizieren, sondern einzig und allein Besitz, Bildung und die daraus resultierende Begabung zur Vernunft. Damit steht Rémusats Intervention für jene doppelte Absetzbewegung, die den Liberalismus des 19. Jahrhunderts in ganz Europa kennzeichnet: weg von der Ständeordnung des Ancien Régime mit ihren auf Geburt und Abstammung basierenden Hierarchien; weg aber auch von der demokratischen Idee der Souveränität des Volkes.

Hier handelt es sich also um die Grundlinien jenes Programms, mit dem Liberale das gesellschaftliche Leben des 19. Jahrhunderts erneuern wollten. Nach den Gewaltexzessen der Französischen Revolution strebten Liberale während geraumer Zeit nach der Kontrolle des Volkswillens durch die Herrschaft einer Minderheit: Demokratie als repräsentatives Regieren. Damit verbunden war die Hoffnung, dass sich das gemeine Volk in einem langen, durch Bildung beförderten Reifungsprozess für die Demokratie empfehlen würde. Wann dieses Trainingslager vorbei sein werde, dieser Entscheid sollte einer kleinen Elite vorbehalten sein.

Der herausragende Theoretiker dieser Weltanschauung ist der französische Gelehrte und Politiker François Guizot (1787–1874). Der in Nîmes geborene Guizot entstammte einer protestantischen Familie. Nachdem sein Vater dem jakobinischen Terror zum Opfer gefallen war, zog die Familie nach Genf, wo der hochbegabte Sohn fortan die Schule besuchte. 1805 übersiedelte Guizot für ein Studium der Jurisprudenz nach Paris. Mit 25 Jahren wurde er Geschichtsprofessor an der Sorbonne, zwei Jahre später begann seine politische Karriere im Innenministerium des Restaurationsregimes unter Louis XVIII. Nebenbei veröffentlichte er zahlreiche Standardwerke zu historischen und philosophischen Themen. 1816 erschien sein erstes Werk zur repräsentativen Regierungsform in Frankreich; sein zweites Werk zum selben Thema, das den Blick auf Europa ausdehnte, schloss er 1821 ab. Dann führte die Machtübernahme einer reaktionären Gruppe von Royalisten zu seiner vorübergehenden Verbannung aus allen Ämtern. Doch bereits 1828 durfte Guizot als Professor wieder Vorlesungen halten, und nach der liberalen Revolution im Juli 1830 stieg er bald zum wichtigsten Minister im Kabinett von König Louis Philippe I. auf.

Für Guizot sollte die Macht im Staat, wie bereits gesagt, einer durch Besitz und Bildung gekennzeichneten Elite vorbehalten sein. Er befindet sich hier also in der Tradition des epistokratischen, von Sieyès begründeten Liberalismus. In dessen Zentrum steht die Bestätigung und Legitimation der Eliteherrschaft durch den Wahlakt. In seinem 1821 fertiggestellten Klassiker zur repräsentativen Regierungsform beschrieb er die Eigenschaft, die diese Elite zur Herrschaft legitimierte, mit dem Begriff der *capacité*. Darunter verstand er die Fähigkeit, »im Einklang mit Vernunft, Wahrheit und Gerechtigkeit« zu handeln. Zwar konzedierte er, dass sich *capacité* nicht objektiv bestimmen ließe. Doch nicht jeder (von Frauen war damals in der Politik auch in liberalen Kreisen noch keine Rede) besaß die Qualifikation, um an dieser Auswahl der fähigsten Staatsdiener teilzunehmen. Mit diesem Argument legitimierten Guizot und seine Anhänger in ganz Europa das Instrument der Wahlzensur. Der Gruppe der Wahlberechtigten war es vorbehalten, in periodischen Wahlen die Vertreter der Nation zu bestimmen. Nach Guizot ging es dabei darum, »die wahre und legitime Aristokratie« zu erküren: keinen Geburtsadel notabene, sondern eine Elite der Wahrheit und der Vernunft. Oder wie er es 1821 formulierte: »Was für das Kind und den Idioten gilt, trifft gleichermaßen auf die Menschheit zu: Das Recht zur Machtausübung entspringt stets der Vernunft, nie dem Willen. … Die Legitimation der Macht gründet allein im Einklang der Gesetze mit der ewigen Vernunft.«[28]

Wie Hegel oder Marx dachte auch Guizot in historischen Entwicklungsschritten. Gleich diesen ging er davon aus, dass sich Fortschritt als Überwindung menschlicher Partikularismen vollziehen würde. Doch als konservativer Liberaler maß er, anders als Marx und Hegel, dem Handeln der Elite große Bedeutung bei.[29] In der Ausübung der Staatsgeschäfte durch Repräsentanten aus der Bourgeoisie sah Guizot das für das 19. Jahrhundert angemessene System der Machtverteilung. Dabei ging er wie Sieyès und andere Vertreter der französischen Aufklärung davon aus, dass Gebildete gleichsam schweben konnten: Ihre Fähigkeit zur Vernunft verlieh ihnen eine ihre Eigeninteressen transzendierende Objektivität. Säkularen Engeln gleich waren sie dazu bestimmt, die im Christentum wurzelnde Zivilisation in Frankreich und der Welt zu fördern.

Die konstitutionelle Monarchie, die nach der Revolution vom Sommer 1830 in Frankreich installiert wurde, kam der Verwirklichung dieser Doktrin sehr nahe. Die traditionelle Ständeordnung war durch eine dreifache Hierarchie ersetzt worden: zuoberst stehen die Repräsentanten, denen die Regierungsgeschäfte obliegen; dann folgen die Wahlberechtigten, die die Repräsentanten erküren; und ganz unten, sozusagen auf dem Boden der schnöden Wirklichkeit, befindet sich die große Masse der vom Wahlrecht Ausgeschlossenen: neben Frauen und Armen sind dies alle, die die Zensuskriterien nicht erfüllen. Sie sollen nach Guizot und Gleichgesinnten vom Wissen und der Weisheit der mit aktivem und passivem Wahlrecht ausgestatteten Vollbürger profitieren, um sich ihnen – in einer Art von zivilisatorischer Osmose – langsam anzugleichen.

Für Liberale wie Guizot stand außer Frage, dass der Fortschritt Frankreichs und der westlichen Zivilisation nicht über demokratische Mitbestimmung, sondern einzig und allein über ein repräsentatives System zu verwirklichen war. Nur von der durch Wahlmänner und Abgeordnete mehrfach gefilterten Demokratie versprach er sich einen wirksamen Schutz gegen die Willkür des ungebildeten Mobs. Liberale wie Guizot sahen in der gleichzeitigen Befürwortung gleicher bürgerlicher und ungleicher politischer Rechte keinen Widerspruch. Denn genau genommen hielten sie das Wahlrecht nicht für ein Recht, sondern für ein Privileg, das man sich durch Vertrauen erst erwerben musste.

Guizot und sein Weggefährte Rémusat vertreten also ziemlich genau jene Maximen, die der Philosoph Isaiah Berlin unter den Begriff der »negativen Freiheit« summierte: Schutz der bürgerlichen Individualrechte vor der Willkür Mächtiger; Verhinderung von Willkür durch eine freie Presse und Opposition; die Freiheit des Einzelnen endet dort, wo er oder sie andere in ihrer Freiheit beschneidet; um die individuelle Freiheit zu bewahren, sind die politischen Rechte durch Wahlzensus zu beschränken. Die beiden Legitimationsinstrumente von Guizots Demokratie sind öffentlicher Diskurs und Wahlen. Die Aufgabe der Presse sieht er nicht in erster Linie darin, Differenzen und Konflikte ans Licht zu bringen. Sie besteht für ihn vielmehr in der Entfaltung einer musterhaften Dialektik von These und Antithese, an deren Ende die vernünftige politische Linie klar und unmissverständlich – als Konsens der Vernunft – hervortritt.

Wie Sieyès glaubt auch Guizot an ein Interesse der Nation. Doch bei den Begriffen unterscheiden sie sich: Während Sieyès vom nationalen Willen spricht, vermeidet Guizot den Begriff des nationalen Willens konsequent. Die Stoßrichtung ist bei beiden dennoch dieselbe: Demokratie ist hier nicht als demokratische Selbstbestimmung konzipiert, sondern als verfassungsstaatliches Regieren. Guizots Vorbild ist ein idealisiertes England mit seiner konstitutionellen Monarchie, seinen direkten Wahlen, seinem auf die Freeholder beschränkten Wahlrecht, seiner freien Presse und seinen unabhängigen Gerichten. Doch zumindest auf der nationalen Ebene kannte Frankreich bis in die 1840er Jahre eine bedeutend schärfere Restriktion des Wahlrechts als England. Während in England etwa 15–20 Prozent der männlichen Bevölkerung wählen konnten, waren es in Frankreich lediglich 2–3 Prozent.

>><<

Als einflussreichster Kritiker von Guizots Demokratiemodell entpuppt sich mit Alexis de Tocqueville (1805–1859) einer der originellsten Köpfe des 19. Jahrhunderts. Auch de Tocquevilles Leben stand im Schatten der Französischen Revolution. So fiel sein Großvater 1794 der Guillotine zum Opfer, seine Eltern entkamen dem gleichen Schicksal nur um Haaresbreite. Obschon de Tocqueville, dieser Abkömmling alten Adels aus der Normandie, Guizots Demokratiemodell anfangs in seinen Grundzügen zustimmte, begann er sich spätestens mit dem Scheitern der Julimonarchie davon zu distanzieren. Ab dem Sommer 1848 sah Tocqueville in der Begrenzung des Wahlrechts den Hauptgrund für den Zerfall der liberalen Ordnung in Frankreich. Der 1851 durch Louis-Napoléon Bonaparte provozierte Staatsstreich verstärkte seine Skepsis gegenüber Guizots Modell der Demokratie als Herrschaft einer bürgerlichen Minderheit.

Ab diesem Zeitpunkt sah der gefeierte Autor der *Demokratie in Amerika* im Wahlzensus das Symbol eines realitätsfremden Liberalismus. Während Guizot die Pariser Barrikaden, die im Sommer 1848 das Ende der Zweiten Republik signalisierten, als Bestätigung seiner politischen Theorie wertet, betrachtet sie de Tocqueville als ihre Falsifizierung. Aus dem Londoner Exil schrieb Guizot 1849: »Das Chaos, das wir heute sehen, versteckt sich hinter einem Wort: Demokratie. Dieses Wort ist souverän und universal. Alle Parteien streben danach, es in sich aufzunehmen … Es handelt sich dabei um die revolutionäre und despotische Idee par excellence. Diese Idee gilt es auszurotten.«[30]

Während Demokratie und Freiheit sich laut Guizot ausschließen, gehören sie für de Tocqueville zusammen: »Meiner Ansicht nach«, so beurteilt er in den 1840er Jahren die

Zukunftsaussichten des paternalistischen Liberalismus in Frankreich, »wird es für niemanden Freiheit und Unabhängigkeit geben – nicht für den Bourgeois, nicht für den Adligen, nicht für die Armen und Reichen –, sondern eine allgemeine Tyrannei. Und zwar so lange nicht, bis bei uns graduell demokratische Institutionen eingeführt sind; bis alle Bürger mit jenen Ideen und Gefühlen ausgestattet sind, die sie für die Freiheit reif machen und es ihnen ermöglichen, diese Ideen und Gefühle in ihrem täglichen Leben zu verwirklichen.«[31] Die konstitutionelle Monarchie unter König Louis Philippe I. (1773–1850) und Guizot beurteilt de Tocqueville in seinen 1851 veröffentlichten Erinnerungen ebenso scharfsinnig wie schonungslos:

> »Woran es diesem politischen Universum am Ende am meisten mangelte, war das politische Leben selbst. Dieses konnte nicht entstehen, denn die Leute waren davon ausgeschlossen. Jede Angelegenheit wurde von Angehörigen einer einzigen Klasse entschieden. Und so war es diese Homogenität der sozialen Position, der Interessen und Standpunkte, dieses von Monsieur Guizot *le pays legal* genannte System, das die parlamentarische Debatte von vornherein jeglichen Wirklichkeitsbezug entbehren ließ …
>
> Und mit der Zeit gewöhnte sich die Nation daran, die Differenzen zwischen den Parteien als eine Art von Querele zwischen Familienmitgliedern um ihr Erbe zu betrachten. Und so spaltete sich das Land in zwei Hälften: die obere Hälfte, die angeblich das gesamte politische Leben der Nation repräsentierte, war geprägt von Impotenz, Lethargie, Immobilität und Langeweile. Doch darunter, in der unteren Hälfte, … schlug sich das politische Leben allmählich eine Bahn.«[32]

Auch in seinem 1856 erschienenen Spätwerk über die Französische Revolution wendet sich de Tocqueville explizit gegen den von Guizot favorisierten Begriff von Demokratie.

Es handle sich dabei um einen bedauerlichen Etikettenschwindel: »Einige glauben«, so schreibt er mit Speerspitze gegen Napoleon III., »ein durch einen absoluten Herrscher regiertes Land sei eine Demokratie, weil dieser die formale Rechtsgleichheit wahrt oder sich des Elends der Unterschichten annimmt.« Das sei ein großer Irrtum, denn »die Worte Demokratie, Monarchie, demokratische Regierung« könnten in Wirklichkeit nur eines bedeuten: »Eine Regierung, in der das Volk einen mehr oder weniger bedeutenden Einfluss auf die Regierungsgeschäfte ausübt. Ihre Bedeutung ist eng mit der Idee der politischen Freiheit verknüpft. Eine Regierung als ›demokratisch‹ zu bezeichnen, die keine politische Freiheit zulässt, ist angesichts der Bedeutung des Begriffs eine offensichtliche Absurdität.« Während Guizot die Demokratie in den abstrakten Kategorien seiner liberalen Geschichtsphilosophie beschreibt, sah sie de Tocqueville, zumindest nach 1848, als offenes Resultat des Ringens um politische Freiheit.

>><<

Dank der Französischen Revolution – wie auch dank der Klarheit und Brillanz der Interventionen von Sieyès, Guizot und de Tocqueville – eignet sich Frankreich besonders gut, um die Spannungen zwischen repräsentativen und demokratischen Modellen der Staatspolitik zu skizzieren. Genauso wie die durch die industrielle Revolution verursachten sozialen Konflikte und Notlagen den Beginn der wirtschaftlichen Moderne markieren, beschreiben diese Spannungen den Aufbruch in die moderne Massenpolitik der Neuzeit.

Dennoch ist Frankreich beileibe nicht als Einzelfall zu werten. In den USA etwa prägten eben diese Spannungen die Politik von der Revolution im Jahr 1776 bis tief ins 19. Jahrhundert, ja, bis in die Gegenwart hinein. Bei den nach einem nordamerikanischen Bundesstaat strebenden Föderalisten und Republikanern der 1790er Jahre handelte es sich um hierarchisch organisierte Bewegungen. Ihr Zweck bestand darin, die Weltsicht von führenden Persönlichkeiten wie George Washington, Thomas Jefferson oder John Adams in den Gliedstaaten und Provinzen durch ihre Gefolgsleute zu verbreiten. Die Initiative ging von lokalen Notabeln aus, die diese Persönlichkeiten wie Lichtgestalten verehrten. Der US-Historiker Wiebe beschreibt die ideologische Dynamik im post-revolutionären Amerika folgendermaßen: »Obwohl niemand die theoretische Souveränität des Volkes in Zweifel zog, hatten die Heerscharen von lokalen Notabeln doch täglich nichts anderes im Sinn, als die Leute zu erziehen und an ihrer Stelle zu entscheiden.«[33]

Die Implosion dieser im Grunde aristokratischen politischen Kultur erfolgte in den USA erst in den 1830er Jahren. Nun waren es weniger Landbesitz und Reichtum, die zu politischer Teilnahme berechtigten, sondern unabhängige Arbeit – natürlich immer unter dem Vorbehalt, dass es sich bei den Kandidaten für die politische Inklusion um weiße amerikanische Männer handelte. Damit gelangte in den USA – anders als in Frankreich und im Rest Europas mit Ausnahme der Schweiz – eine radikale Variante von nationaler Souveränität vergleichsweise früh zum Durchbruch. Sie signalisiert das Ende der Vorherrschaft einer im Grunde paternalistisch ausgerichteten Politik. Wiebe beschreibt den Wandel, der sich damals vollzog, mit großer Klarheit:

> »Wenn Führer der revolutionären Generation die Prinzipien ihres Regierens erläuterten, sprachen sie so, als ob sie tief in der Geschichte verborgene Wahrheiten entdeckt hätten. Dagegen brüsteten sich die Demokraten des 19. Jahrhunderts damit, ihre eigenen Wahrheiten zu schaffen. Während die vornehmen Herren des 18. Jahrhunderts die von ihnen geführte Gesellschaft einzuhegen suchten, trachteten jene des 19. Jahrhunderts danach, ihre Energien freizusetzen. Die revolutionären Aristokraten organisierten Macht, die Demokraten des 19. Jahrhunderts verteilten sie. In der Praxis des 18. Jahrhunderts reduzierte sich die Be-

> deutung der Demokratie aufs republikanische Regieren: dessen demokratische, elitäre und exekutive Elemente bedingten sich gegenseitig. Dagegen stand die Demokratie des 19. Jahrhunderts auf eigenen Beinen. Sie lieferte ihre eigene Rechtfertigung und schuf ihre eigenen Zwecke.«[34]

In der Schweiz verlief die Entwicklung der Demokratie ähnlich konfliktreich wie in den USA. Die Eidgenossenschaft war ein stark dezentral organisiertes Gebilde, das sich erst im 19. Jahrhundert zu einem Bundesstaat mit moderner Demokratie entwickelte. Bis zu diesem Zeitpunkt gab es starke Unterschiede zwischen oligarchisch geprägten Städten wie Zürich, Basel oder Bern und ländlichen Regionen, wo die Politik stärker partizipatorisch ausgerichtet war. In den von Städten dominierten Kantonen war die Landbevölkerung zudem oft rechtlich benachteiligt. Bei den sich ab dem späten 18. Jahrhundert ausbreitenden Unruhen handelte es sich oft um Konflikte zwischen Städten und ihrem rechtlich benachteiligten Umland. Dabei orientierten sich ländliche Gebiete auffällig oft an einem von der demokratischen Landsgemeinde inspirierten Ideal direkter Mitbestimmung. Auch in der demokratischen Bewegung, die die Schweiz im letzten Drittel des 19. Jahrhunderts erfasste, spielte dieses Ideal eine wichtige Rolle. Führer der demokratischen Bewegung, wie der Berner Bauernsohn und spätere Bundesrat Jakob Stämpfli, bekämpften liberale Reformer wie den Zürcher Eisenbahn-Magnaten und Politiker Alfred Escher. Die Machtbasis von Liberalen wie Escher war die repräsentative, bis zum Ende des Ersten Weltkriegs auf allgemeinem Männerwahlrecht und Majorz basierende Regierungsform.

Führende Liberale sahen in der demokratischen Bewegung der Schweiz eine Bedrohung ihrer Vorherrschaft. Manche werteten die Forderung nach demokratischer Partizipation als absurde Anmaßung einer ungebildeten Masse, deren zeitraubende Zivilisierung durch staatliche Bildungsinstitutionen noch bevorstand. Für den freisinnigen Juristen und späteren Bundesrat Emil Welti stellte die Demokratische Bewegung vor allem ein großes Ärgernis dar. Das von der demokratischen Bewegung verlangte Gesetzesreferendum betrachtete er als tragikomischen Versuch, eine auf Expertentum und Vernunft gebaute Regierungsform durch einen populistischen Dilettantismus zu schwächen. Kurz nachdem er 1867 Bundesrat geworden war, wandte sich Welti mit folgenden Worten gegen das demokratische Vorhaben: »Ich habe das Gefühl, dass der Senn mit dem Code de Commerce und der Stallknecht mit dem Zivilprozess in der Hand, um sich für die Ausübung der Souveränitätsrechte vorzubereiten, eine Karikatur sind.«[35]

>><<

Wir haben die beschriebene Spannung zwischen Demokratie und repräsentativem Regieren auch heute keineswegs überwunden. Das zeigt eine Serie von Ereignissen der letzten Jahrzehnte. Etwa die demokratischen Referenden zu den europäischen Verträgen. Wo solche durchgeführt wurden, offenbarte sich zuweilen eine deutliche Distanz zwischen den Bürgern und ihren nationalen Abgeordneten. 1992 sagte nur eine äußerst knappe Mehrheit (51 Prozent) der französischen Stimmbürger Ja zum Maastrichter Vertrag. Und 2005 stimmten in Frankreich (55 Prozent) und den Niederlanden (61 Prozent) deutliche Mehrheiten gegen die Einführung einer europäischen Verfassung. Darauf reagierte Kommissionspräsident Juncker mit der Forderung, die saumseligen Bürger müssten noch einmal abstimmen, »bis sie zum richtigen Entscheid« gelangen. Zwei Jahre später wurde die Substanz der von Franzosen und Niederländern abgelehnten Verfassung in den Vertrag von Lissabon überführt. Angela Merkel konnte darauf im EU-Parlament verkünden: »Die Substanz der Verfassung ist gesichert.«[36]

Auch im nationalstaatlichen Rahmen gerät das repräsentative System zunehmend unter Druck. Gerade dort, so scheint es, wo das direktdemokratische Ventil fehlt und Demokratie sich auf die nationale Abgeordnetenwahl beschränkt – wie etwa in Frankreich (Front National), den Niederlanden (die PVV mit Geert Wilders) und Deutschland (AfD) – konnten populistische Parteien in den letzten Jahrzehnten mit teilweise radikal-nationalistischen Parolen ihren Stimmenanteil erhöhen. Auch die Massenproteste der Gelbwesten in Frankreich lassen sich kaum anders denn als Misstrauen gegenüber der zentralistisch strukturierten Elite-Demokratie der Fünften Republik interpretieren, was selbst von ihren Advokaten zugestanden wird.

Die substanzielle Differenz zwischen repräsentativem Regieren und demokratischer Beteiligung nach dem Ideal des *self-government* bleibt also auch im Zeitalter des allgemeinen Wahlrechts augenfällig. Auch die begriffliche Konfusion, die sich in der Semantik von den »repräsentativen Demokratien« des Westens spiegelt, kann daran nichts ändern. Oder um den Befund von Alexis de Tocqueville in den Sprachmodus des 21. Jahrhunderts zu transponieren: Das Bedürfnis nach demokratischer Mitbestimmung ist auch mit semantischen Konstrukten nicht zum Verschwinden zu bringen. Dabei möchten wir keineswegs verschweigen, dass die partizipatorische Demokratie durchaus Risiken in sich birgt. Nur gehören diese Risiken zum Leben einer freiheitlichen Gesellschaft. Sie werden keineswegs kleiner, wenn man die demokratische Kultur unter dem Banner der aufgeklärten Vernunft Stück für Stück depolitisiert.

Auf die Probleme einer unter dem Titel »repräsentative Demokratie« segelnden Formaldemokratie weisen heute auch ernstzunehmende Intellektuelle hin. Einer der führenden Historiker des Politischen, der Franzose Pierre Rosanvallon, hat es so auf den Punkt gebracht: »Das Wort ›Demokratie‹ bezeichnet mehr als bloß das Recht, für ein repräsentatives Regime zu stimmen. Demokratische Politik war seit jeher eng verwoben mit der Idee, dass die Gesellschaft das Recht habe, über ihre Regierung Gericht zu halten.«[37] Auch Rosanvallon beklagt, dass Demokratie heute fast überall auf die Wahl von Abgeordneten reduziert ist. Referenden sind selten und bei der politischen Elite verpönt. Sie gelten dort als populistische Störmanöver. Wir beobachten heute, so wiederum Rosanvallon, einen zunehmenden Graben »zwischen der politischen Legitimität von Regierenden und der Legitimität ihres Handelns.«[38]

Auf die niedrige Meinung abendländischer Denkerfürsten vom gemeinen Volk hat der Philosoph Dieter Thomä kürzlich hingewiesen. Platon, Hegel, Alexander Hamilton, Thomas Carlyle, Honoré de Balzac, wie auch der eingehend diskutierte François Guizot – die Liste ließe sich substanziell verlängern – greifen bei ihrer Beschreibung des Volkes gewohnheitsmäßig zu Metaphern aus dem Tierreich. Selbst Immanuel Kant misstraute den gewöhnlichen Leuten zutiefst. Gerade bei Kant findet man jene Argumentationsfigur, die sich im 19. Jahrhundert viele Liberale und Konservative zu eigen machten: Bei der Demokratie handelt es sich um eine an sich gute Idee, nur sind die meisten Leute dafür leider vorderhand zu unreif.

In der Überzeugung, dass die Entlassung der Menschen in die Mündigkeit nur peu à peu erfolgen dürfe, zeigt sich jene Angst vor Kontrollverlust, die wir schon bei Sieyès festgestellt haben. Selbst die Gründerväter der modernen Demokratie in den USA und in Frankreich gingen davon aus, dass man das Volk nur durch eine Mischung aus Kontrolle und Erziehung an die Demokratie heranführen könne. In seinem Aperçu der Philosophen und ihrer Haltung zum gemeinen Volk spricht Thomä deshalb von »Zoodirektoren« und »Schulmeistern«. Wobei die meisten Philosophen der letzten 300 Jahre diese beiden Berufe in sich vereinten. Kurzfristig sollte das Volk durch Wahlzensus und indirekte Wahlen kontrolliert werden, um dann langfristig durch eine angemessene Grundschulbildung an seine politische Mündigkeit herangeführt zu werden.[39]

Eine lesenswerte Kritik dieses paternalistischen Demokratiebegriffs aus linker Sicht bietet Jacques Rancière. In einer provokanten Schrift setzt sich der französische Philosoph zum Ziel, den »Hass« liberaler Eliten auf die Demokratie zu erklären. Obschon sich Rancière auf Frankreich konzentriert, lassen sich viele seiner Argumente durchaus verallgemeinern. »Wie lässt es sich erklären«, so fragt Rancière, dass sich in unseren Demokratien heute »eine einflussreiche Intelligentsia findet, ... die ... das gesamte Unglück der Menschheit tagein und tagaus einem einzigen Bösen, genannt Demokratie, zuschreibt?« Das Argument der französisch-republikanischen, mehrheitlich an den *Grandes Écoles* ausgebildeten Elite lasse sich so zusammenfassen: Volksherrschaft führt unweigerlich zu einer Degeneration der öffentlichen Moral. Anstatt sich von der Elite führen zu lassen, frönt die vom demokratischen Virus befallene Masse dem individualistischen Konsum.[40]

Hinter dieser enttäuschten Erwartung versteckt sich laut Rancière ein Status-Ressentiment. Mit der Durchsetzung des demokratischen Gleichheitsideals sei den Massen der Respekt vor ihren ehemaligen Erziehern abhandengekommen. Der kulturelle und politische Führungsanspruch von Autoritäten werde nicht mehr respektiert. Das von den demokratiemüden Eliten vergötterte Ideal sei nicht die »arithmetische Gleichheit« der Demokratie, sondern die »geometrische Gleichheit« eines hierarchisch strukturierten Verfassungsstaates in der Tradition von Platon, Sieyès und John Stuart Mill. Individualismus ist gut, solange er der Elite vorbehalten bleibt. Doch die partizipatorische Demokratie untergräbt dieses hierarchische Weltbild. Der Anspruch einer privilegierten Statusgruppe auf die Definitionshoheit über die gesellschaftliche Moral – ein Privileg, das im 19. Jahrhundert vom Adel ans Bürgertum überging – verlor mit dem Ausbau der Demokratie seine Berechtigung. Rancière umschreibt das damit einhergehende Statusproblem der Eliten so:

»Denn bei der Demokratie handelt es sich ja nicht bloß um einen bestimmten Verfassungstyp oder eine bestimmte Gesellschaftsform. Die Macht des Volkes manifestiert sich nicht etwa in der Macht der Volksversammlung, oder der Mehrheit, oder in den Arbeitern als sozialer Klasse. Man kann sich ihrer Macht nicht dadurch entziehen, dass man die Tyrannei der Mehrheit, die Dummheit des ›großen Tiers‹ oder die Frivolität individualistischer Konsumenten denunziert. Denn dann müsste man die Politik selbst abschaffen. Politik existiert nur dort, wo es im gewöhnlichen Lauf der sozialen Beziehungen einen zusätzlichen Titel gibt. Der wahre Skandal der Demokratie, seine eigentliche Essenz, besteht im Entscheid durch das Los, und damit in der Offenbarung, dass dieser Titel darin besteht, dass es keine Titel gibt – dass also das Regieren von Gesellschaften einzig und allein der Kontingenz unterliegt.«[41]

Die heute dominante repräsentative Regierungsform ist deshalb nach Rancière keineswegs einem demographischen Pragmatismus geschuldet. Es gehe hier nicht um eine Anpassung der demokratischen Praxis an die Verhältnisse moderner Gesellschaften, wie oft behauptet wird. Es handle sich vielmehr um eine im Grunde »oligarchische Form«: um eine Vertretung des Demos »durch mit Herrschaftsrechten ausgestattete Minderheiten«. Bei der fälschlicherweise als repräsentativ bezeichneten Demokratie handle es sich in Wirklichkeit um ein Machtinstrument, mit dessen Hilfe Eliten ihren Status als Regierende zu legitimieren suchen, indem sie sich die Zustimmung zu einer vorgefassten Wahrheit einholen: »›Repräsentative Demokratie‹ mag heute als Pleonasmus erscheinen. Ursprünglich war es jedoch ein Widerspruch.«[42]

Der heute omnipräsente Populismusvorwurf dient laut Rancière dazu, die Interessengebundenheit des repräsentativen Regierens zu leugnen: »Mithilfe dieses Namens soll jede Form des Dissens zum vorherrschenden Konsens in denselben Topf geworfen werden, ganz gleich, ob es sich nun dabei um eine demokratische Willensbekundung oder um religiösen oder rassistischen Fanatismus handelt.«[43] Populismus sei »der wohlfeile Name zur Verschleierung des übertriebenen Kontrasts zwischen demokratischer Legitimität und der Legitimität von Experten«. Der Populismus solle vom Wunsch ablenken, dank einer immer ausgedehnteren Depolitisierung der Demokratie »ohne jegliche Gewaltenteilung regieren zu können«.[44] Dort, wo dem Volk Ignoranz vorgeworfen werde, handle es sich jedoch oft lediglich um die Skepsis gegenüber der von Eliten favorisierten Wahrheit. Weil kaum jemand offen gegen die Demokratie Stellung beziehe, finde die Durchsetzung dieser Wahrheit heute vor allem über die supranationale Ebene statt. Indem man Politik als technokratisches Geschäft ohne Ortsbezug betreibe, entziehe man ihr die demokratische Substanz: »Auf diese Weise können der Staat und seine Experten die Dinge ruhig unter sich ausmachen.«[45]

>><<

Der Befund dieses Kapitels lautet: Bei dem, was wir heute reflexartig als »liberal-demokratische Gesellschaftsordnung« bezeichnen, handelt es sich um eine Regierungsform, in der sich das exklusive Statusbedürfnis wie die Interessen einer Minderheit widerspiegelt – einer Minderheit, die ihr eigenes Verständnis von Fortschritt mit Vernunft und Wahrheit gleichsetzt. Unter den Instrumenten, mit denen die partizipatorische Demokratie heutzutage eingehegt wird, spielen supranationale Organisationen, globale Verträge und transnationale Gerichte die herausragende Rolle. Damit soll einer bestimmten Vision von Fortschritt die Bahn bereitet werden. Letztlich handelt es sich dabei aber um einen Kreuzzug gegen die unvermeidbare Unvorhersehbarkeit und Nicht-Planbarkeit des Politischen. Diese ist jedoch der Preis der politischen Freiheit.

>>>> DRITTES KAPITEL:

Wer gehört zum Demos – und wer bleibt außen vor?

Was das vorherige Kapitel verdeutlicht: Demokratien sind in der Praxis keineswegs unbegrenzt offen, sie schließen nach bestimmten Kriterien aus. Dass demokratische Bewegungen in ihrer Rhetorik oft einen Drall ins Universalistische aufweisen – man denke nur an die Forderung nach der Erhebung des Dritten Standes zum alleinigen Souverän oder an das radikaldemokratische, auf 1848 zurückgehende Bild vom europäischen »Völkerfrühling« –, ändert daran wenig. Dem Ideal der demokratischen Inklusion steht, bis heute, die Realität der Exklusion gegenüber. Sieyès und Guizot rechtfertigten diesen Ausschluss mit der überlegenen Vernunft der Wissenden und Weisen. Ohne deren Vorherrschaft sahen sie das, was sie als modernen Fortschritt betrachteten, als gefährdet. De Tocqueville und Rancière wiesen diesen politischen Paternalismus zurück.

Neben der epistokratischen gibt es aber noch weitere Rechtfertigungsmuster, um Bürger von der politischen Teilnahme auszuschließen: etwa eine patriarchalische, die diese an die Geschlechtszugehörigkeit bindet; und eine nationalstaatliche, die sie auf die Staatsbürger beschränkt. Während der Ausschluss nach Geschlecht auf einer Serie von Vorurteilen beruht, die einer modernen Demokratie schlecht anstehen, ist die Exklusion nach dem Kriterium der Nationalität für das Funktionieren einer Demokratie bis zu einem gewissen Grad notwendig.

>><<

Wer sich mit dem Ausschluss der Frauen vom politischen Bürgerrecht auf nationaler Ebene beschäftigt, beginnt am besten mit einer kurzen Chronologie der Exklusion. Die Jahre bezeichnen den Zeitpunkt, an dem Frauen das allgemeine Stimm- und Wahlrecht erhielten:

1893: Neuseeland
1902: Australien
1906: Finnland
1913: Norwegen
1915: Dänemark, Island
1917: Kanada
1918: Österreich, Deutschland, Ungarn, Irland, Großbritannien, Russland, Estland, Georgien, Lettland, Litauen, Polen
1919: Belgien, Luxemburg, Niederlande, Schweden, Belarus, Ukraine
1920: Tschechoslowakei, USA, Albanien
...
1931: Portugal, Spanien, Chile
1932: Brasilien, Uruguay, Kuba
...
1944: Bulgarien, Frankreich
1945: Kroatien, Slowenien, Italien
1946: Rumänien, Jugoslawien
1949: Bosnien und Herzegowina
1953: Griechenland
1959: San Marino
1960: Zypern
1962: Monaco
1970: Andorra
1971: Schweiz
1984: Liechtenstein

Diese Liste ist keineswegs vollständig und bezieht sich vorwiegend auf westliche Länder. Dennoch vermittelt sie einen guten Eindruck vom langwierigen Kampf für die politische Gleichberechtigung von Frauen auf nationaler Ebene. Einzig Neuseeland stellte die weiblichen Bürger in dieser Frage den männlichen noch vor 1900 gleich. Kurz darauf folgten einige skandinavische Länder, und am Ende des Ersten Weltkriegs kam es zu einer ersten großen Welle, die vor allem von den kriegsführenden Ländern ausgelöst wurde. Am Ende des Zweiten Weltkriegs folgten die großen, katholisch dominierten europäischen Länder Frankreich und Italien. Und zwischen 1945 und der Mitte der 1960er Jahre wurden Frauen in den meisten der postkolonialen Staaten in Asien und Afrika den Männern politisch gleichgestellt. Als europäische Schlusslichter fungierten in dieser Frage bekanntlich die Schweiz (1971) und Liechtenstein (1984).

Um für einen Moment beim Nachzügler Schweiz zu verweilen: Im Land des besonders früh eingeführten allgemeinen Männerwahlrechts und der direkten Demokratie verwehrten männliche Stimmberechtigte – und zwar über alle Religions-, Sprach- und Parteigrenzen hinweg – den Frauen auf lokaler, kantonaler oder nationaler Ebene in 130 separaten Abstimmungen die politische Gleichberechtigung. Als nach dem Ersten Weltkrieg die Frauen vieler europäischer Länder den Männern politisch gleichgestellt wurden, wurde auch in der Schweiz in kantonalen Referenden über das Frauenwahlrecht befunden: so etwa in Zürich, Genf, Basel, Neuenburg und Glarus. In jeder dieser Männerabstimmungen sagten ungefähr zwei Drittel der votierenden Landessöhne Nein zum Frauenstimmrecht. Nachdem sich 1958 das Bundesparlament für den Einschluss der Frauen in die politische Nation ausgesprochen hatte, verwarf eine deutliche Mehrheit der männlichen Stimmbürger (66,9 Prozent) das damals schon längst nicht mehr kühne Vorhaben. Einige Kantone wollten diesen Fleck im Reinheft der bürgerlichen Gleichberechtigung so rasch wie möglich tilgen. Und so führten ebenfalls 1958 die beiden Basel, das Waadtland, Neuenburg, Genf, das Tessin, das Wallis sowie Zürich das

Frauenstimmrecht auf kantonaler Ebene ein. 1970 und 1971 folgten der Aargau, Fribourg, Zug, Glarus, Solothurn, Luzern, Bern und der Thurgau diesem Beispiel. Mehrere Kantone, darunter St. Gallen und die beiden Appenzell, sollten erst später nachziehen.

Wie lässt sich die auffallend späte Gewährung des Frauenstimmrechts in der Schweiz erklären? Neben den stets genannten Faktoren direkte Demokratie und Föderalismus springt noch etwas anderes ins Auge: Länder, in denen das allgemeine Männerstimmrecht schon früh galt, standen der politischen Gleichstellung der Frauen besonders kritisch gegenüber. In der Schweiz kam hinzu, dass das mit der direkten Demokratie verbundene Abstimmungsrecht viel stärker in die Politik eingriff, als es ein bloßes Wahlrecht vermag. Dadurch entstand ein besonders stark fühlbares Privileg der politischen Mitbestimmung, was die Enstehung einer patriarchalen Interessengemeinschaft erleichtert haben dürfte.[46]

Offenbar schufen politische Gemeinwesen, die bei den politischen Rechten für Männer vorausgingen, Voraussetzungen für eine Kultur der Männerbündelei, in der das Frauenstimmrecht als Bedrohung etablierter Ordnungsvorstellungen erschien. Neben der Schweiz ist hier auch Frankreich zu nennen, wo es nach der Revolution von 1848 für Männer (außer sie bezogen Sozialhilfe oder wurden aus anderen Gründen als »nicht selbstständig« eingestuft) keinen restriktiven Wahlzensus mehr gab. Dagegen erfolgte zumindest in einigen Ländern, in denen Frauen das Stimmrecht bereits am Ende des Ersten Weltkriegs erlangten, die politische Gleichberechtigung der Frauen beinahe gleichzeitig zum Ausbau des Männerwahlrechts auf alle Männer ohne Ansehung von Besitz oder Steuerleistung.

Anders formuliert: Wo die Männer das allgemeine Wahlrecht erst spät erlangten, scheint der Übergang zum allgemeinen Wahlrecht als Katalysator für die politische Gleichstellung der Frauen gewirkt zu haben. Man denke nur an Großbritannien, wo bis zum Ersten Weltkrieg Millionen von

Männern vom Wahlrecht ausgeschlossen blieben; an Schweden, wo bis 1909 für beide Kammern ein restriktiver Wahlzensus bestand; oder an Preußen, das bis 1918 ein Dreiklassenwahlrecht kannte. Dagegen konnte sich dort, wo das universale Männerwahlrecht seit Mitte des 19. Jahrhunderts verankert war, eher ein Patriarchat als politisch privilegierte Statusgruppe ausbilden: eine quasi-zünftische Gemeinschaft in einer Zeit, in der es formalrechtlich keine Zünfte mehr gab.

Auch wenn diese Interpretation den Ausschluss der Frauen vom Stimm- und Wahlrecht nicht abschließend erklärt, so ist sie doch anschlussfähig an die Diskussion über die Erteilung politischer Rechte. So hat etwa die Politologin Carole Pateman auf die Ausbildung einer spezifisch modernen Form des Patriarchats hingewiesen. Während das traditionelle Patriarchat vornehmlich paternalistisch (über den *pater familias*) begründet wurde, basiert das moderne Patriarchat laut Pateman auf einer fraternalistischen Ideologie der brüderlichen Gleichheit. Es kam hier also gewissermaßen zu einer durch moderne Faktoren geförderten Ausweitung einer traditionellen sozialen Organisationsform auf die nationale Ebene: vom Hausverband auf das Vaterland.[47]

Die britische Soziologin Sylvia Walby kommt zu einem ähnlichen Schluss. Im 20. Jahrhundert habe sich ein Wandel vom privaten zum öffentlichen Patriarchat vollzogen. Während die Tätigkeit von Frauen im privaten Patriarchat auf den Haushalt beschränkt blieb, finden sich Frauen im öffentlichen Patriarchat des 20. Jahrhunderts zumeist in untergeordneten sozialen und beruflichen Rollen wieder. Dabei haben Walby und andere Forscherinnen gezeigt, dass T. H. Marshalls berühmtes Phasenmodell eines Dreischritts vom individuellen (18. Jahrhundert) über das soziale (19. Jahrhundert) zum politischen Bürgerrecht (20. Jahrhundert) die Wirklichkeit der meisten Frauen nur ungenau abbildet. In vielen Ländern sicherten sich Frauen ihre individuellen oder sozialen Rechte – beispielsweise auf Grundstückserwerb, auf Scheidung oder auf gleichberechtigten Zugang zu sozialer

Unterstützung – erst nachdem sie politisch mitbestimmen konnten. Gerade für Frauen erwiesen sich politische Rechte oftmals als entscheidende Wegmarke bei der Erlangung individueller bürgerlicher Rechte.[48]

>><<

Die Versuchung ist groß, den obigen Befund dahingehend zu deuten, dass der Nationalstaat bei der Demokratie das Hauptproblem darstelle. Das zeigt die Diskussion, die seit Ende des Zweiten Weltkriegs über die Bedingungen menschlichen Fortschritts geführt wird. Die Leitthese dieser Diskussionen lautet: Würden wir uns alle schlicht und einfach bloß als Menschen betrachten – als mit individuellen Rechten ausgestattete Mitglieder einer einzigen Menschheit –, dann hätte sich der Ausschluss bestimmter gesellschaftlicher Gruppen (wie Nicht-Christen oder Frauen) von der politischen Mitbestimmung niemals rechtfertigen lassen. Gemäß dieser Argumentation fördert die Fixierung auf das Nationale die Entstehung einer auf wehr- und kriegstüchtige Männer fixierten Gemeinschaft. Eine kosmopolitisch konzipierte Demokratie, so wird vor allem seit den 1960er Jahren argumentiert, schlösse niemanden von der politischen Mitbestimmung aus. Während Nationen vor allem als Spaltpilz und Kriegstreiber gewirkt hätten, würde uns der Supranationalismus den Frieden und die Prosperität langfristig sichern. Der Nationalstaat ist aus dieser Perspektive nicht Teil der Lösung, sondern das eigentliche Problem.

Bevor ich dieses Argument in mehreren Schritten entkräfte, möchte ich dessen Nachvollziehbarkeit betonen. Erstens ist es unbestreitbar, dass die erste Hälfte des 20. Jahrhunderts zum Schauplatz einer Katastrophe unvorstellbaren Ausmaßes wurde. Dies bewirkte in Europa bekanntlich eine tiefe Vertrauenskrise. Man bezweifelte weitherum, dass friedliche Koexistenz auf der Grundlage der bestehenden politischen Institutionen möglich sei. Diese

Zweifel betrafen nicht nur den Nationalstaat als politisches Organisationsprinzip; sie bestimmten – paradoxerweise gerade in jenen europäischen Ländern, in denen totalitäre Bewegungen zwischen 1918 und 1945 der Demokratie den Garaus machten – auch die Haltung zur demokratischen Selbstbestimmung. Hier verband sich das negative Urteil über den Nationalstaat mit einer Kritik an der partizipatorischen Demokratie. Als legitim erschien hier lediglich die reine Repräsentation durch Abgeordnete ohne plebiszitäre Einsprachemöglichkeiten. Möglich wurde dieses Argument, weil der Kritik am Nationalstaat ein Misstrauen gegenüber der Vernunftfähigkeit gewöhnlicher Bürgerinnen und Bürger stets beigemischt war. Ein gutes Jahrhundert nachdem François Guizot die demokratische Souveränität von seinem Londoner Exil aus als Gefahr für den Fortschritt gegeißelt hatte, erlebte seine politische Philosophie in Europa eine machtvolle Renaissance: *plus ça change.*

Bei dieser Renaissance spielten die Implosion der Sowjetunion und der Zerfall Jugoslawiens eine entscheidende Rolle. Die im Jugoslawienkrieg durchgeführten ethnischen Säuberungen, bei denen sich der Nationalismus erneut von seiner hässlichsten Seite zeigte, dienten als Beweis für die Gefährlichkeit des Ideals der nationalen Souveränität. Mit diesen Ereignissen schien die einfache Gleichung: Nationalstaat = Nationalismus = Krieg eine neuerliche Bestätigung erfahren zu haben. Dass die beiden angelsächsischen Demokratien bei der Garantierung eines freiheitlich-demokratischen Europas die Hauptrolle spielten, lag nun bereits in weiter historischer Ferne. Insbesondere für die Befürworter einer intensivierten europäischen Integration bot die besagte Gleichung aus historischen wie aktuellen Gründen eine kongeniale Formel.

Attraktiv an dieser Formel war wohl auch, dass sie es erlaubte, die mit individuellem und kollektivem Versagen gespickte Geschichte des Zweiten Weltkriegs mit einem Narrativ zu neutralisieren, das die eigenen politischen Präferenzen als Teil eines überlegenen zivilisatorischen Projekts präsentierte. Die vielleicht scharfsinnigste Analyse dieses Projekts stammt vom georgischen Intellektuellen Gia Nodia:

> »Heute ist das Volk, von dem nun die meisten zur Mittelklasse gehören, nicht mehr sehr gefährlich. Trotzdem verabscheuen Liberale den Nationalismus mehr denn je. Warum eigentlich?
>
> Natürlich gibt es dafür mehrere Gründe. Die Folgen des nationalistischen Extremismus der beiden Weltkriege spielten dabei eine zentrale Rolle. Und gleichzeitig führte die Dekolonisierung der Nachkriegswelt dazu, dass die Idee der ›nationalen Selbstbestimmung‹ nun vornehmlich als Problem der Dritten Welt erschien, wodurch sich die liberale Tendenz verstärkte, Nationalismus mit Rückständigkeit gleichzusetzen.
>
> Die alte liberale Angst vor dem Volk ist immer noch da, so denke ich, aber weil die Option des aufgeklärten Absolutismus vom Tisch ist, können Liberale heute nicht mehr offen antidemokratisch auftreten. Und so zeigt sich die Angst vor dem Volk in der respektableren Form einer Aversion gegen den Nationalismus.«[49]

Nodia legt hier mit Scharfsinn einen historischen Zusammenhang frei, den westliche Eliten gern verdrängen: Im modernen, durch Industrie und Urbanisierung geprägten Zeitalter gingen die Ausbreitung der Demokratie und die Kultivierung eines nationalen Selbstbildes Hand in Hand. Diesen Zusammenhang kann man bei allen führenden Theoretikern des Nationalismus – von Hans Kohn, Karl W. Deutsch, Ernest Gellner und Benedict Anderson über Eric Hobsbawm, Anthony D. Smith und Ariel Roshwald – nachlesen. Auch wenn dies in manchen Ohren unschön klingen mag: Die moderne Demokratie und der politische, sich am Ideal der Volkssouveränität orientierende Nationalismus sind, historisch gesehen, Zwillinge.[50]

Dies erklärt auch, weshalb die Kritik am Ideal der nationalen Souveränität nicht in erster Linie von der demokratischen Bewegung ausging. Historisch betrachtet waren es reaktionäre Konservative wie Metternich und konservative Liberale wie Guizot, die dazu tendierten, in den demokratischen nationalen Bewegungen die Quelle allen Übels zu sehen. Über das gesamte 19. Jahrhundert betrachtet, arrangierten sich die meisten fortschrittlichen Kräfte links der Mitte dagegen mit dem Nationalismus.

Doch der liberale Nationalismus unterschied sich deutlich vom Nationalismus der demokratischen und republikanischen Bewegungen. Wenn Demokraten die Nation mobilisierten, forderten sie den politischen Einschluss von Staatsbürgern. Dagegen sahen Liberale im Nationalstaat in erster Linie ein Instrument der Modernisierung und der institutionellen Reform. Ihr Ziel war die Inkraftsetzung von Verfassungen, die Vereinheitlichung von Gesetzen, der Auf- und Ausbau einer Infrastruktur, die internationale Wettbewerbsfähigkeit. Konkret: Während Demokraten das Wahlrecht und eine bessere Bezahlung von Parlamentariern aus einfachen Schichten forderten, kämpften Liberale für einheitliche Normen, eine nationale Währung und den Bau von Eisenbahnen.

Doch die beiden Weltkriege beendeten, wie gesagt, den Glauben an die Nation als Träger menschlichen Fortschritts. Die Eule der Minerva hatte sich aus Sicht vieler von der Nation ab- und dem Supranationalismus zugewandt. Die intellektuellen Wurzeln dieser Wahrnehmung sind jedoch älter. Während Liberale seit dem späten 18. Jahrhundert das Recht des Einzelnen auf freie Wahl betonten, gaben Demokraten mit den Ideen von Souveränität und Selbstbestimmung dem Gemeinwesen ein stärkeres Gewicht. Historisch gesehen tendieren Liberale zum universalistischen Bild des autonomen Individuums, dessen Bindung an ein Gemeinwesen auf einem rechtlichen Vertrag beruht. Dagegen operieren Demokraten mit der Vorstellung der Nation als der Grundlage legitimen politischen Handelns.

Letztlich verdankt sich aber auch die liberal-universalistische Kritik am Nationalstaat einer Spielart des Partikularismus. Ihre Inspiration bezieht sie von jenem westlichen Entwicklungsmodell, das die Weltgeschichte ab dem 18. Jahrhundert dominiert hat. Am eindringlichsten hat diesen Zusammenhang der israelische Politphilosoph Shlomo Avineri formuliert. Seine Gedanken zu dieser Frage verdienen ein ausgiebiges Zitat:

»Ein Hauptgrund, warum der Nationalismus den universalistischen Normen der politischen Theorie entgegenzulaufen scheint, hat mit der historischen Ironie zu tun, dass der Löwenanteil bei der Formulierung und Verbreitung universaler Werte unter der politischen und intellektuellen Hegemonie von zwei bestimmten Kulturen vonstatten ging: der französischen und der englischen. Im Lichte der Idee der Menschenrechte, die durch die Französische Revolution popularisiert wurden, oder des politischen Liberalismus und der Marktwirtschaft, die sich dank der Dominanz von England und später der USA verbreiteten, erschien der Nationalismus als partikularistisch, kleinkariert, spaltend, rückständig, als ein Abweg vom Universalismus. Was sind schon bretonische Volksbräuche verglichen mit dem Reichtum der französischen Kultur und ihrer gloriosen *mission civilisatrice*? Was haben denn Gälisch sprechende Gemeinschaften an der keltischen Peripherie der britischen Inseln zu bieten, außer einen Anachronismus am Rande der mächtigen englischsprachigen Weltkultur? Frankreich und die angelsächsischen Mächte posaunten, jede auf ihre eigene Art, den Triumph einer ökumenischen Kultur in die Welt hinaus, von der es hieß, sie bilde die Basis aller Vernunft und universell geteilten Werte. Damit erhoben sie diese historischen Kulturen zu einer eigentlichen katholischen Norm. Und wehe den Iren, den Zionisten oder anderen Völklein, deren kleinräumigere Loyalitäten ihnen den Geruch des Provinziellen, der Eigenbrötelei, des Obskurantis-

> mus, der Xenophobie und des Ethnozentrismus verlieh – oder (noch weitaus schlimmer): der Vormoderne.«[51]

Die jüngste Inkarnation dieser angeblichen Vormoderne bieten allerdings nicht in ihre Volkstänze vernarrte Bretonen oder patriotische Israelis, sondern die Söhne und Töchter des ehemaligen Kolonialreichs Großbritannien. Der Brexit hat in Europa derart viel Staub aufgewirbelt, weil nun ein international immer noch einflussreiches Land der Kritik am Nationalstaat eine Absage erteilte. Damit verbunden war ein positives Bekenntnis zur demokratischen Selbstbestimmung. Der Brexit war das bisher deutlichste Signal, dass sich die Europäische Union, zumindest in ihrer gegenwärtigen Ausprägung, mit demokratischer Mitbestimmung schlecht verträgt. Von ihren Institutionen und ihrer politischen Ethik her handelt es sich bei der Union um eine Epistokratie. Um einen gut gemeinten Versuch, die menschlichen Beziehungen in Europa – unter dem Banner von Vernunft und zivilisatorischem Fortschritt – Schritt für Schritt zu depolitisieren.

Woran man das erkennt? An ihrer technokratischen Kultur und an ihrer Bürokratie. An der Bereitschaft, demokratische Referenden in den Mitgliedsländern zu verhindern und – wo sie trotzdem stattfinden und das Resultat nicht befriedigt – zu ignorieren. Von Ralf Dahrendorf stammt die Bemerkung, dass, würde sich die EU heute um Aufnahme in die Europäische Union bewerben, ihr Gesuch an den demokratischen Auflagen scheitern müsste, die sie nach dem Fall des Eisernen Vorhangs an Neumitglieder stellte. Scheitern müsste es nicht nur wegen der Impotenz des EU-Parlaments, sondern wegen der bereits angesprochenen mangelnden Gewaltenteilung. Ein supranationales Gebilde, dessen oberstes Gericht die Rechtssetzung demokratisch legitimierter Parlamente bei Bedarf außer Kraft setzen darf, liegt näher beim aufgeklärten Absolutismus als bei der modernen Demokratie.

>><<

Nach diesem Ausflug in die supranationale Sphäre finden wir uns auf dem harten Boden der demokratischen Wirklichkeit wieder; in einer von Meinungswettstreit geprägten politischen Welt. Wem diese Welt etwas bedeutet, dem erscheint die Erwartung eines Zustands ungeteilter Vernunft und perfekter Harmonie der Interessen als gefährliche Illusion. Dass Politik nicht auf Harmonie zielt, sondern auf einen den Streit beendenden Kompromiss, ist eine gute Nachricht, zumindest für Demokraten. Daran dachte der französische Philosoph Pierre Manent, als er die demokratische Politik als Säule einer gelebten Humanität bezeichnete:

> »[Die demokratische Politik] verhindert, dass irgendeine Erfahrung Absolutheit für sich beansprucht; sie verhindert es, das irgendeine Teilerfahrung die Gesellschaft und das individuelle Bewusstsein saturiert; sie sorgt dafür, dass alle Erfahrungen koexistieren und miteinander kommunizieren. Mit anderen Worten: Die Politik ist die Hüterin des Reichtums und der Komplexität menschlichen Lebens.«[52]

Dagegen hegt der Supranationalismus in seiner heutigen Form die Entscheidungshoheit der Bürger ein. Was an der Demokratie zunehmend missfällt, ist ihre Offenheit. Irritierend daran ist der Umstand, dass die demokratische Praxis dort, wo sie spielt, die Durchsetzung von angeblich alternativlosen moralischen Endzwecken – von Global Governance über atomkraftfreie Energieversorung und europäische Einheitswährung bis zur Bundesrepublik Europa – verunmöglicht. Denn wo Demokratie mehr als ein Wort ist, sollte über diese Themen öffentlich gestritten werden. So kommen Fragen auf die Tagesordnung, die Berufspolitikern als lästig oder gar irrelevant erscheinen mögen. Bruno S. Frey stellte bereits 1992 fest, dass die Realisierung von angeblich alternativlosen Endzwecken dem Wesen der Demokratie recht eigentlich widerspricht: »Im Laufe des demokratischen Prozesses wird Information produziert, Präferenzen werden in einem institutionalisierten Diskurs geformt. Dies sind die Charakteristika der Demokratie, nicht logische Konsistenz oder akademische Eleganz.« Auch was die Zukunft des europäischen Supranationalismus betrifft, hat sich Freys vor dreißig Jahren gestellte Prognose bestätigt:

> »Auch wenn die Europäische Gemeinschaft formal immer noch eine Union unabhängiger Staaten darstellt, so ist ihre Verfassung doch eindeutig zentralistisch ausgerichtet, was man an der starken Stellung der Kommission und der europäischen Administration in Brüssel sieht (Eurokratie). Es deutet jedenfalls nichts darauf hin, dass die Konkurrenz zwischen den diversen politischen Einheiten künftig eine wichtige Rolle spielen wird. Wahrscheinlicher ist, dass es den Machtträgern gelingen wird, eine Kaskade an homogenisierenden Regeln und Regulierungen durchzudrücken, die es ihnen ermöglichen wird, sich von den Bürgern abzuschotten und verschiedene Einkünfte einzuheimsen.«[53]

Heute manifestiert sich die Rebellion gegen die Demokratie in Form einer mit dem Prädikat »liberale Demokratie« bezeichneten Formaldemokratie. Als solche orientiert sie sich nicht mehr am Ideal der demokratischen Selbstbestimmung, sondern tendenziell am liberalen »vor dem Gesetz sind wir alle gleich«. Es geht also um die Konstruktion einer Gesellschaft mit möglichst geringem politischem Einspracheraum. Die Gefriertrocknung der Politik nach 1945 ist die Antwort auf ihre Überhitzung durch die Totalitarismen des 20. Jahrhunderts.

Demokratie, besonders in einer Republik, ist jedoch auf ein kollektives Selbst angewiesen, das sich territorial und kulturell verorten lässt. In unserer gegenwärtigen Welt gibt es ein solches Selbst(-Bewusstsein) nachweislich im lokalen, im regionalen und im nationalen Bereich. Im europäischen und im Weltmaßstab ist etwas Vergleichbares dagegen noch nicht erkennbar. Es genügt nicht, dass ein paar hundert Minister und Spitzenbeamte mit ähnlichen Karriereverläufen und politischen Präferenzen die moralische Überlegenheit des Transnationalismus beschwören. Was hier vor allem zählt, ist das Selbstbewusstsein einer breiteren Öffentlichkeit. Im Gegensatz zum rein repräsentativen System verlangt die partizipatorische Demokratie nach einem Zugehörigkeitsgefühl zu einer politischen Gemeinschaft.

Darauf hat Charles Taylor bereits 1989 hingewiesen, als er zwischen einer demokratischen und einer prozeduralen Republik unterschied. Die prozedurale Republik besteht aus Individuen, ein kollektives Bewusstsein gilt hier als entbehrlich. Aus einer solchen, dem universalistischen Liberalismus verpflichteten Perspektive kommt die Demokratie ohne kollektive Solidarität aus. Genau an diesem Punkt beginnt sich nach Taylor eine Schere zu öffnen zwischen dem demokratischen Postulat des »Self-Rule« und dem liberalen Credo des »Jedem nach seinem Gusto innerhalb der Grenzen der Verfassung«. Es geht nicht mehr um Werte oder Tugenden, auf die man sich an einem bestimmten Ort einigt, sondern um die Befolgung universaler Regeln. In der prozeduralen Republik ist die Vorstellung eines Kollektivs mithin verpönt. Die Frage, die sich laut Taylor stellt: Wollen wir eine Demokratie der prozeduralen Freiheiten oder eine, bei der die demokratische Selbstbestimmung – die Idee des *Self-Government* durch die Bürger – im Zentrum steht?[54]

Im Plädoyer für die prozedurale Republik manifestiert sich laut Taylor der anti-paternalistische Reflex moderner Gesellschaften. Freiheit besteht hier darin, dass niemand, auch keine demokratischen Mehrheiten, den Ton und den Tarif bestimmen darf. Damit ist klar, weshalb sich die Befürworter einer supranationalen Demokratie an diesem Kant'schen Prozeduralismus orientieren. Für supranational strukturierte Gemeinwesen bietet dieses Modell die einzige Legitimationsbasis. Auch wenn das Europa der EU keineswegs allen Menschen offensteht – der Zugang dazu ist im wesentlichen auf (in ihrer überwiegenden Mehrzahl weiße) Europäer beschränkt –, so ist es als Rechtsgemeinschaft inklusiver als der Nationalstaat.[55]

Dagegen orientiert sich die republikanische Demokratie laut Taylor an einer zeitlich bedingten Form der Exklusion. Dabei geht es nicht darum, Menschen permanent auszuschließen, sondern durch Schaffung von Vertrautheit und Vertrauen die Grundlage für ein Gemeinwesen zu schaffen. Im Gegensatz zur prozeduralen, auf das Individuum als Rechtssubjekt gebauten Republik, bedingt dieser Vorgang eine Neugierde gegenüber Menschen und Gepflogenheiten, mit denen man noch nicht vertraut ist. Die (prinzipiell temporäre) Exklusion von Immigranten vom nationalen Bürgerrecht, die in der demokratischen Republik gilt, beruht auf der Erkenntnis, dass menschliches Vertrauen erst allmählich entsteht. Diese Exklusion gründet, wo sie Legitimität beanspruchen will, also explizit nicht in essentialistischen Stereotypen (etwa in Bezug auf Geschlechts- oder ethnische Zugehörigkeit), die zur Absicherung von Standeshierarchien dienen.[56]

>><<

Die Ausgangsfrage dieses Kapitels war, wer zu einer Demokratie gehöre und wer nicht. Die Antwort lautet, dass Demokratien ihrem Versprechen der Inklusion oft nicht gerecht werden. So blieben Frauen und Arme sehr lange vom Wahlrecht ausgeschlossen. Auch diskriminieren demokratisch verfasste Nationalstaaten bis zum heutigen Tag zwischen Bürgern und Nicht-Bürgern. Während die politische Exklusion nach Geschlecht oder Einkommen der Legitimationsgrundlage entbehrt, trägt die zeitlich bedingte Exklusion im Nationalstaat dazu bei, das für das demokratische Leben notwendige Gefühl der Zugehörigkeit entstehen zu lassen.

>>>> VIERTES KAPITEL:

Demokratie als Spielverderber des Zentralismus

> »Indem der König eine immer größere Menge an symbolischem Kapital um sich konzentriert …, erweitert er ständig seine Macht, dieses Kapital in Form von Ämtern und Ehren, die er als Anerkennung von angeblichen Verdiensten vergibt, zu verteilen.«[57]

Mit diesen Worten beschreibt der französische Soziologe Pierre Bourdieu das Phänomen der zunehmenden staatlichen Machtkonzentration seit dem 17. Jahrhundert. Bei seiner Beobachtung geht es Bourdieu allerdings nicht um absolutistische Monarchen wie Louis XIV. oder die Aufblähung des französischen Amtsadels im Laufe des 18. Jahrhunderts, obschon diese Beispiele bei der Ausarbeitung seiner Theorie eine wichtige Rolle spielten. Sein Interesse gilt vielmehr der Ausbildung des modernen Zentralstaats durch eine Serie von Reformen, die wir heute mit Max Weber als Bürokratisierung bezeichnen würden. War staatliche Macht bis ins 17. Jahrhundert an die angeblich von Gott verliehene Souveränität des Königs gebunden gewesen, so legitimierte sie sich fortan über bürokratische Institutionen.

Das Bemerkenswerte an Bourdieus Theorie des Staates ist, wie er diesen Wandel erklärt. Sein Leitgedanke lautet: Der Treiber der modernen Staatsbildung ist nicht materieller, er ist primär kultureller Natur. In seinen eigenen Worten: »Am ausgeprägtesten manifestiert sich die Gewalt des Staates auf dem Feld der symbolischen Produktion.«[58] Der moderne Staat entsteht dank der Konzentration symbolischen

Kapitals an einem einzigen Ort. Der Erfolg dieses Unternehmens misst sich daran, wie fraglos die neuen Weltdeutungen gelten. Falls die Staatsbildung erfolgreich ist, werden diese nicht als Deutungen wahrgenommen, sondern als Tatsachen.

Auf einmal erscheinen politische Begriffe und soziale Klassifikationen, Werte und Normen, gesellschaftliche Hierarchien sowie Rechte und Pflichten nicht mehr als Produkt interessengeleiteter Auseinandersetzungen, sondern als Teil einer höheren Wahrheit. Mit Staatsbildung meint der französische Soziologe somit den Versuch, die mentale Landkarte des Staates neu zu zeichnen und in den Köpfen der Untertanen oder Bürger zu installieren. Dieser Vorgang, der enorme Ressourcen bindet, spielt sich ohne viel Aufhebens ab. Der moderne Staat verrichtet sein Geschäft auf leisen Sohlen. Das gilt besonders heute, wo den staatlichen Verwaltungen mit der Digitalisierung ein Instrument zur Verfügung steht, das die Kapazität bisheriger Informationsvermittlung weit in den Schatten stellt.[59]

Nicht etwa, dass Bourdieu die mehr konventionellen Aspekte der Staatsbildung – das Militär, die Steuereinnahmen, die hohen Gerichte oder die Strafgesetze, die Handels- und Außenpolitik – in ihrer Bedeutung gering veranschlagen würde. All diesen Phänomenen weist Bourdieu im Gegenteil große Bedeutung zu. Was seine eigene von konventionellen Analysen unterscheidet, ist folgende Beobachtung: Die Legitimation des Staats verdankt sich seinem symbolischen Kapital, mithin dem Renommee, das er bei den Menschen genießt. Im Originalzitat: »Die Konzentration der zur Aufrechterhaltung von Königtum und Staat notwendigen Streitkräfte und der finanziellen Ressourcen wäre ohne die Konzentration eines symbolischen Kapitals der Anerkennung (oder Legitimität) nicht möglich gewesen.«[60] Ohne die Vorstellung vom Staat als einer über allen Interessen schwebenden Essenz wäre die staatliche Obrigkeit – ob absolutistisch, liberal oder demokratisch verfasst, spielt keine Rolle – in ihrer Herrschaft bedroht.

Nur dank seiner Deutungsmacht gelingt es dem Zentralstaat, sich als etwas zu präsentieren, was er in Wirklichkeit niemals sein kann: kein historisches, sondern ein naturähnliches Gebilde.[61] Dies bedeutet auch: Indem der Zentralstaat fortwährend bestimmte Deutungen über seine Funktionen und seine Wirkung sanktioniert, marginalisiert er davon abweichende Interpretationen. Während der Staat den einen Anerkennung verleiht, versagt er diese anderen. Durch dieses Sabotieren des Wettstreits der Ideen und Lösungen entzieht der staatliche Zentralismus dem politischen Leben seine Nahrung. Politik, dieser an Regeln gebundene Streit um Ideen und Lösungen, wird dadurch außer Kraft gesetzt.

Bourdieus Gedanken ermöglichen eine neue Sicht auf die Beziehung von Staat und Demokratie. Zumal in der politologischen und ökonomischen Literatur wird staatlicher Zentralismus meist im Hinblick auf die Effizienz etwa des Gesundheitssystems oder der Wirtschaft diskutiert, aber nur selten in Bezug auf seine epistemischen Voraussetzungen. Dazu gehört die Beschädigung der Meinungsvielfalt durch Förderung einer staatsgläubigen Kultur. Wer diese internalisiert, empfindet gegenteilige Meinungen als Störfaktor ohne Berechtigung. Man denke etwa an den Chefredakteur der Schweizer Boulevardzeitung *Der Blick,* der seine Mitarbeiter und die Kollegen mehrerer Schweizer Zeitungen offen dazu ermunterte, die Corona-Maßnahmen des zuständigen Ministers zu unterstützen.[62] Das Besondere an diesem Fall ist vielleicht, dass es sich beim besagten Schweizer Boulevardblatt um einen Teil eines privaten Medienimperiums handelt. Beim öffentlichen Rundfunk ist die Bereitschaft, dem Staat und seinen führenden Repräsentanten mit reduzierter Kritikbereitschaft zu begegnen, oft mit Händen zu greifen – auch, aber selbstverständlich nicht nur in Deutschland.[63]

Gerade im Zusammenhang mit der kritischen Distanz der vierten Gewalt zum Staat scheint uns das Thema Demokratie von großer Bedeutung zu sein. Weshalb? Weil die geringe

Distanz zwischen Medien und staatlicher Macht besonders in der bis heute dominanten Form der Demokratie – dem repräsentativen Regieren, bei dem sich die Demokratie auf den periodischen Wahlakt beschränkt – die staatliche Zentralisierung deutlich mehr fördert, als hemmt. Besonders dort, wo direktdemokratische Einspruchsmöglichkeiten wie Initiativen oder Referenden fehlen, lässt sich die Harmonie zwischen veröffentlichter Meinung und Staatsmacht nur sehr bedingt stören. Wo diese Einspruchsmöglichkeiten fehlen, wird mit dem Zentralismus oft auch die Huldigung des Staates gefördert. In den Worten des deutschen Medienwissenschaftlers Michael Haller: »In der stark föderalistischen Organisation und mit den Partizipationsformen der Referendumsdemokratie kann sich der Journalismus nicht so abgehoben inszenieren wie in einer repräsentativen Demokratie mit starker Zentralgewalt. Man sieht dies an der enormen Sogwirkung der Hauptstädte auf die Korrespondenten. In Berlin, Paris und London ist die Machtelite mit derjenigen der Medien eng verzahnt.«[64]

Ausgehend von diesen Überlegungen möchten wir folgendes Argument zur Diskussion stellen: Die partizipatorische Demokratie schwächt jenen Zentralismus, der das heute weit verbreitete Denken in Kategorien der Alternativlosigkeit stärkt. Indem er die Depolitisierung des gesellschaftlichen Lebens fördert, schwächt der Zentralismus die bürgerliche Entscheidungshoheit im Sinne eines demokratischen *self-government*. Deshalb wirken direktdemokratische Institutionen tendenziell als Spielverderber eines staatlichen Zentralismus, der die moderne Gewaltenteilung faktisch zu unterwandern droht.

>><<

Zu den Techniken, mit denen der Glaube an den alternativlosen Fortschritt gestützt wird, gehört in der historischen Langzeitperspektive die Marginalisierung anderer Gruppen mithilfe einer bestimmten kulturellen Erzählung. Diese basiert auf der Behauptung einer zivilisatorischen Differenz zwischen dem Zentrum und jenen Regionen, die wir heute bedenkenlos mit dem Titel der Peripherie oder der Provinz versehen. So erklärte 1751 Charles Pinot Duclot, der damalige Sekretär der Académie française, dass Leute, die kaum 50 Kilometer weit von Paris entfernt lebten, sich in ihrem Denken und Handeln etwa hundert Jahre im Rückstand befänden.

Mit seiner Beschreibung ländlicher Regionen, die er mit dem Zivilisationsniveau des von ihm bewohnten Zentrums verglich, war Duclot keine Ausnahme. Er war vielmehr typisch für die Aufklärer des 18. Jahrhunderts, besonders jene in Frankreich und England, wo sich schon früh ein starker, um eine dominante Hauptstadt organisierter Staat entwickeln konnte. Auch der große liberale Theoretiker John Stuart Mill hielt nicht nur Inder für zivilisierungsbedürftig und politisch unmündig, sondern auch soziale Unterschichten oder die Bewohner der schottischen Highlands. Derweil bemerkte Balzac in seinem 1841 publizierten Werk *Les Paysans*, wer die »Rothäute von Fenimore Cooper« sehen wolle, könne sich die Reise nach Amerika sparen, denn er finde sie in ebenso großer Zahl in den ländlichen Teilen des Burgunds.

Wer sich mit den Redegewohnheiten französischer Beamter und Intellektueller des 19. Jahrhunderts vertraut macht, stellt rasch fest, dass sie Menschen aus ländlichen Gebieten oft mit Kindern oder Tieren verglichen. Auch erfanden sie jene Definition von Provinz, die wir bis heute mehr oder weniger fraglos verwenden: Die zivilisatorische Stufe eines Menschen – sein Grad der Provinzialität – hängt ab von seiner räumlichen Distanz von einem urbanen Zentrum. Dieser Zivilisationsbegriff erklärt auch, weshalb führende Intellektuelle, wie der im ersten Kapitel diskutierte Abbé Sièyes, so vehement für die Zentralisierung und kulturelle Homogenisierung ihres Staates eintraten. Zivilisatorischer Fortschritt bedeutete für sie vor allem die Befreiung der Nation von der Provinz, also von ihren lokalen und regionalen Besonderheiten.

Dieser Diskurs und die daraus resultierende Wirklichkeit wurde im 19. Jahrhundert, als sich die Nationalstaaten in Europa konsolidierten und auf vielen Ebenen zunehmend konkurrierten, zum Kennzeichen fortschrittlicher Bewegungen. Diese Konkurrenz war keineswegs auf den außenpolitischen und militärischen Bereich begrenzt, sondern schloss die Sphären der Kultur und Wirtschaft mit ein. Man denke insbesondere an die Weltausstellungen, die damals in den Hauptstädten Europas stattfanden und auf ein enormes öffentliches Interesse stießen. Indem die Menschen verschiedener Nationen miteinander in einen umfassenden Wettstreit traten – und zwar auch im globalen Rahmen –, versicherten sie sich über den Stand ihrer eigenen Zivilisation.

Dieses gleichermaßen von Fortschrittshybris und zivilisatorischen Abstiegsängsten geprägte Klima trug dazu bei, dass viele Staaten ihre nationale Kulturpolitik intensivierten. Nicht nur in Frankreich nahm damals ein internes Zivilisationsprojekt unter nationalen Vorzeichen seinen Anfang. Staatlich besoldete Beamte und Reformer besuchten die Provinzen nicht etwa, um die Denkgewohnheiten und Praktiken der lokalen Bevölkerung zu verstehen oder ihnen gar Anerkennung zu zollen – ihr Antrieb war nicht Neugier, sondern die möglichst flächendeckende Umsetzung einer zivilisatorischen Mission.

Und weil Bevormundung und Verachtung die Entstehung freundschaftlicher Gefühle eher hemmen als fördern, kam es wiederholt zu Konflikten. Provinzialbeamte beklagten verschiedentlich, die Menschen einer Provinz behandelten sie nicht wie Befreier, sondern eher wie fremde Invasoren. In den zuständigen Regierungs- und Verwaltungskreisen galt solche Widerborstigkeit als Bestätigung, dass allein die Fortführung des nationalen Zivilisierungsprogramms die gewünschte Konversion von »Bauern zu Franzosen« bewerkstelligen werde.[65] Neuere Forschungen kommen hier allerdings zum gegenteiligen Befund: Wo Regionen und Kommunen relativ viel Autonomie gewährt wurde – wie etwa in Deutschland, der Schweiz, in Teilen des Habsburgerreiches, in den USA – stellte sich die Identifikation mit dem staatlichen Gemeinwesen oft rascher ein als in zentralistischen Staaten. Wo soziale Anerkennung und Aufstiegschancen jenen vorbehalten blieben, die sich an die dominante Kultur assimilierten – etwa indem sie von der Provinz in die Hauptstadt zogen – blieb das Zugehörigkeitsgefühl trotz umfassender staatlicher Programme stark regional geprägt.[66]

Der Trick bestand beim zentralistischen Nation-Building darin, die eigene Mission unter universalistischer Flagge segeln zu lassen. Im Selbstbild tonangebender Reformgeister ging es stets um den Fortschritt der Menschheit qua Fortschritt der eigenen Nation. Besonders deutlich wird das in der Tat am Beispiel Frankreichs, wo die Synthese von nationalen Befindlichkeiten und Interessen mit einer universalistischen Erlösungsmission seit der Französischen Revolution immer wieder markant hervortrat. Man denke nur an Napoleon Bonaparte – wie auch an alle anderen, die seither die Geschicke Frankreichs in diesem napoleonischen Geist geleitet haben. Ihr Beispiel dokumentiert, bis zum heutigen Tage, die Verquickung von persönlichen und nationalistischen Ambitionen unter dem Banner des Universalismus. Bourdieus Schilderung dieses Vorgangs rechtfertigt ein ausführliches Zitat:

> »Im Falle Frankreichs manifestierte sich die nationalistische Kultur stets hinter einer universalistischen Fassade. Die Neigung, die Aufnahme in die nationale Kultur als Weg des Beitritts zur Universalität schlechthin zu begreifen, bildet die Grundlage nicht nur der brutalen integrationistischen Vision der republikanischen Tradition (genährt durch den Gründungsmythos der universalistischen Revolution), sondern auch der äußerst perversen Formen des

universalistischen Imperialismus wie seiner internationalistischen Nationalismen.

Zur kulturellen und sprachlichen Vereinheitlichung gehört die Verhängung der dominanten nationalen Sprache und Kultur wie auch jene Relegation aller anderen Sprachen auf die Stufe eines unwürdigen Idioms, die in Begriffen wie *Patois* oder ›lokale Dialekte‹ zum Ausdruck kommt. Indem eine bestimmte Sprache auf das Podest der Universalität gestellt wird, fallen alle anderen auf die Stufe der Partikularität hinab. Und weil der Universalisierung offiziell sanktionierter Ansprüche keine Universalisierung der Zugangschancen gegenüberstehen, kommt die Monopolisierung des Universalen einigen Wenigen zugute, während alle anderen davon ausgeschlossen bleiben. Sie finden sich gewissermaßen in ihrer Menschheit zerstümmelt wieder.«[67]

>><<

Bourdieus Analyse staatlicher Macht wirft ein Problem auf, das er mit anderen einflussreichen sozialen Theoretikern (von Max Weber und Emile Durkheim bis zu Talcott Parsons und Michel Foucault) teilt. Dieses besteht in der Annahme eines gerichteten gesellschaftlichen Wandels, nach dem Motto: die Staatsmacht ist überall, sie breitet sich unablässig aus. Ähnlich wie bei Max Weber, der den Begriff von der Moderne als einem »stahlharten Gehäuse« prägte, erzeugt auch Bourdieus Analyse ein Gefühl der Alternativlosigkeit: Der Zentralstaat mit seiner Bürokratie erscheint bei ihm weitgehend als Selbstläufer. Dieses Gefühl hat wohl niemand geistreicher beschrieben als der Schriftsteller Kurt Tucholsky. In seiner 1925 veröffentlichten Satire *Die Zentrale* heißt es zur Logik zentralstaatlicher Machtdynamik:

»Die Zentrale weiß alles besser. Die Zentrale hat die Übersicht, den Glauben an die Übersicht und eine Kartothek. In der Zentrale sind die Männer mit unendlichem Stunk untereinander beschäftigt, aber sie klopfen dir auf die Schulter und sagen: ›Lieber Freund, Sie können das von Ihrem Einzelposten nicht so beurteilen! Wir in der Zentrale …‹ Die Zentrale hat zunächst eine Hauptsorge: Zentrale zu bleiben. Gnade Gott dem untergeordneten Organ, das wagte, etwas selbständig zu tun! Ob es vernünftig war oder nicht, ob es nötig war oder nicht, ob es da gebrannt hat oder nicht: erst muss die Zentrale gefragt werden. Wofür wäre sie denn sonst Zentrale! Dafür, dass sie Zentrale ist! Merken Sie sich das. Mögen sie draußen sehen, wie sie fertig werden!«[68]

Die Zentrale besitzt einen Korpsgeist. Ihre Mitglieder begreifen sich als Teil einer mit überlegener Weitsicht ausgestatteten, für das Wohl des Gemeinwesens arbeitenden Elite. Und gleichzeitig provoziert Tucholskys wunderbare Satire die Frage, ob die Dogmatik der Zentrale, ob ihr zur Schau gestelltes Selbstbewusstsein nicht als Zeichen von Schwäche zu deuten sei. Die Zentrale erscheint bei Tucholsky nicht in Stein gemeißelt, ihr Einfluss hängt vielmehr vom Ausmaß ab, in dem man ihre Weisungen verinnerlicht hat. Bourdieus Idee der Macht als kulturellem Kontrukt hätte diesen Schluss durchaus nahegelegt. Doch letztlich zeichnet der französische Soziologe ein Bild, in dem staatliche Macht, wie schon bei Max Weber, als stahlhartes Gehäuse erscheint. Das Fortschreiten dieser Entwicklung erscheint hier als unvermeidlich.

Einen Weg aus dieser Sackgasse bietet uns der amerikanische Anthropologe James C. Scott. Wie Bourdieu begreift auch Scott den Staat als ein mithilfe bestimmter Narrative und Konvention legitimiertes Zentrum der Macht. Und gleichzeitig weist er nach, wie all die Annahmen und Behauptungen, die den Staat nicht als historisches, sondern als natürliches Phänomen erscheinen lassen, periodisch unter Druck geraten. Unter diesem Druck wird dann jeweils deutlich, was normalerweise hinter der mit symbolischem Kapital gebauten Fassade bleibt: Der Imperator, der gestern noch unbesiegbar schien, er trägt offenbar nur leichte Kleidung.

Scotts mit reichhaltigem historischen Material illustrierte These lautet: Staaten konsolidieren ihre Macht, indem sie die darin organisierte Gesellschaft lesbar machen. Nicht umsonst heißt sein Klassiker, *Seeing Like a State*. Die Grundlage der Staatsmacht sind die Eingriffe, mit denen möglichst vieles innerhalb eines staatlichen Territoriums transparent gemacht wird: von den lokalen Sprachen und regionalen Gepflogenheiten bis zu den Abgaben und Steuern. So wird eine äußerst vielgestaltige soziale Landschaft mithilfe einer Reihe von Formeln lesbar gemacht. Denn ohne Lesbarkeit in diesem Sinne gibt es keine effiziente bürokratische Herrschaft. Das Motto ambitionierter staatlicher Reformgeister lautet seit mindestens 300 Jahren: weg vom verwirrenden, nur den Eingeborenen zugänglichen Detail, hin zum geometrischen Modell, das es uns erlaubt, das große Ganze zu sehen.

Dabei betont auch Scott, dass diese Beschreibungen der Wirklichkeit alles andere als unschuldig sind. Letzlich handelt es sich bei den neuen Klassifikationen und Begrifflichkeiten gar nicht um Beschreibungen, sondern um Manuale zur Installierung einer neuen Realität. Die Wirklichkeit soll den Konzepten gefügig gemacht werden: »Das utopische … Ziel des Staates besteht darin, die chaotische, unordentliche, sich stets wandelnde Wirklichkeit in etwas umzuformen, das dem bürokratischen Koordinatennetz seiner Beobachtungen entspricht.«[69]

Zur Plausibilisierung seiner These verwendet Scott mehrere historische Beispiele: etwa die Reform der Forstwirtschaft in Preußen im 18. Jahrhundert; das Anlegen von Grundstückskatastern und Steuerregistern seit der frühen Neuzeit; die Planung und bauliche Erneuerung von Städten; die sprachliche Zentralisierung und Vereinheitlichung mehrsprachiger Gebiete unter dem Vorwand der nationalen Integration. Aus Dingen, die einst neu und auch deshalb umstritten waren, weil sie den Eingeborenen arbiträr vorkamen, wurde im Laufe der Zeit eine neue Normalität. In diesem

Sinn und Geist beschreibt Scott beispielsweise die Umwandlung von russischen Mehrfeldersystemen in eine Serie von unabhängigen Einzelfarmen nach westeuropäischem Vorbild. Dabei ging es darum, »die Macht der lokalen Genossenschaften uber den individuellen Haushalt zu brechen mit dem Ziel, die kollektive Besteuerung durch eine Besteuerung individueller Landbesitzer zu ersetzen«. Davon erhofften sich Reformer und Beamte höhere wirtschaftliche Erträge und – für den modernen Staat ungleich wichtiger – stabile und möglichst hohe Steuereinnahmen.[70]

Über das Anlegen von Grundstücksregistern habe der Staat versucht, sein Territorium fiskalisch lesbarer zu machen. Hier handelt es sich – zumal vor der Einführung des Wohlfahrtsstaates – um ein einseitig staatliches Anliegen. Denn aus Sicht der lokalen Bevölkerung, die mit den Eigenarten der Besitzverhältnisse und Produktionsmethoden gut vertraut war, waren diese Kataster unnötig: »Jedermann wusste, wem beispielsweise eine Wiese beim Fluss gehörte oder wieviel an Futter sie generierte, oder wie hoch die darauf liegenden Feudallasten waren.« Doch für die Reformer bildeten die auf Dörfer und Kleinstädte verstreuten lokalen Gemeinschaften ein undurchdringliches Durcheinander. Sie betrachteten die neuen Register deshalb als Segen: als Ausdruck des Sieges des zivilisatorischen Fortschritts über einen geistig umnachteten Partikularismus.[71] Eine brillante Beschreibung dieses bürokratischen Ideals findet sich beim US-Ökonomen Herbert A. Simon:

> »Der Verwalter ist sich durchaus bewusst, dass seine Weltsicht auf einem Modell beruht, das die Wirklichkeit – jene mit Leben gefüllte und blühende Konfusion – drastisch vereinfacht. Diese Vereinfachung behagt ihm aber schon deshalb, weil er davon überzeugt ist, dass die Wirklichkeit im Großen und Ganzen leer ist; dass also die meisten die Wirklichkeit auszeichnenden Tatsachen für die Probleme, mit denen er sich befasst, von untergeordneter Bedeutung

sind; weil er glaubt, dass die wichtigsten Ketten von Ursache und Wirkung kurz und simpel sind.«[72]

Die von Simon angesprochenen Vereinfachungen im Namen des Fortschritts sind genauso wenig objektiv oder neutral, wie die komplexen (oft lediglich informell zugänglichen), als »vormodern« oder »archaisch« taxierten Organisationsformen in Wirtschaft, Politik und Gemeinde. Das Geheimnis ihrer Macht liegt darin, dass ihre Interessengebundenheit nicht in den Blick gerät. Sie erscheinen mit der Zeit als alternativlos geltende Repräsentationen von Welt; als Ordnungs- und Strukturierungsmuster, an denen es nichts zu deuteln und schon gar nichts zu rütteln gibt. Dieses Bild der Alternativlosigkeit verstärkt sich mit jeder Drehung an der Zentralisierungsschraube.

Doch dem Drehen an der Schraube lässt sich auch Einhalt gebieten. Wie ist das möglich? Es sind laut Scott vor allem zwei Interventionen, die dem Zentralstaat den Durchmarsch erschweren. Die erste ergibt sich als nicht intendierte Nebenfolge staatlichen Handelns. Etwa wenn sich die propagierten Schemata – etwa die nach wissenschaftlichen Kriterien designten Monokultur-Wälder in Preußen oder die *window tax,* bei der die Grundstückssteuer in England, Frankreich und Wales über hundert Jahre hinweg nach der Zahl der Fenster, die ein Gebäude aufwies, festgelegt wurde (die Steuer wurde in Frankreich erst 1926 abgeschafft), oder die Schließung privater Firmen während einer Pandemie – als ökonomisches, ökologisches oder gesundheitliches Desaster entpuppten. Die zweite Intervention betrifft den subtilen Widerstand durch die mit den staatlichen Schemata unzufriedenen Untertanen. Zumeist handelt es sich dabei um Gruppen, denen es dank ihrer geographischen Randlage gelingt, sich der Assimilierung an die dominanten Codes zu verweigern.

>><<

Wie Bourdieu verpasst es jedoch auch Scott, die demokratische Mitbestimmung für seine Analyse der Mechanik staatlicher Macht fruchtbar zu machen. Während das System des repräsentativen Regierens mit dem Ausbau des Zentralstaats aufs Engste verzahnt ist, gilt das für partizipatorische Formen der Demokratie in deutlich geringerem Maße. Die regionale und lokale Selbstverwaltung hat es in einem Land, in der die partizipatorische Demokratie historisch verankert ist, leichter als in einem, in dem Demokratie, aus welchen Gründen auch immer, mit repräsentativem Regieren gleichgesetzt wird.

Dass die partizipatorische Demokratie dem Zentralismus einen Riegel vorschiebt, haben verschiedene Forscher, vor allem am Beispiel der Fiskalpolitik, nachgewiesen. So haben Ökonomen am Beispiel der Schweiz gezeigt, dass Referenden die Zentralisierung bei den Staatsausgaben drosseln. In einem Vergleich zwischen Deutschland und der Schweiz hat sich gezeigt, wie die Zentralisierung der finanziellen Verantwortlichkeiten in der Bundesrepublik zwischen 1949 und 1999 viel rascher voranschritt als in der Schweiz. Dass demokratische Einspruchsmöglichkeiten die Zentralisierung und Harmonisierung der staatlichen Steuern drosseln, ist ein wichtiger Befund. Und doch wird damit die Wirkung der Demokratie auf die staatliche Entwicklung nur in einem Teilbereich erfasst.[73]

Bruno S. Frey hat schon früh auf die epistemische Bedeutung direktdemokratischer Instrumente aufmerksam gemacht. Frey konzentriert sich dabei auf die Volksinitiative. Dazu ist zunächst zu sagen, dass die halbdirekte Demokratie der Schweiz zwei Instrumente der direkten politischen Einflussnahme kennt. Mit der Volksinitiative können die Bürgerinnen und Bürger die Aufnahme einer neuen Bestimmung in die Verfassung herbeiführen. Für das Zustandekommen einer Initiative sind innerhalb einer Sammelfrist von 18 Monaten die Unterschriften von 100.000 Stimmberechtigten nötig. Für die Annahme einer Initiative ist die

Mehrheit von Volk (Abstimmenden) und Ständen (Kantonen) nötig. Daneben gibt es noch das Instrument des Referendums. Damit reservieren sich die Schweizer Stimmbürgerinnen die Entscheidungshoheit über neue Gesetze.

Der Einfluss dieser demokratischen Instrumente ist beträchtlich. Besonders wichtig: Sie nehmen den mit den Organen des Zentralstaats besonders eng verflochtenen Politikern das Monopol beim politischen Agenda-Setting. Dank der Initiative gelingt es politischen Außenseitern, Themen auf die Tagesordnung zu setzen, die das parteiübergreifende politische Establishment lieber ausklammern würde. Dazu gehören Fragen bezüglich der Entschädigung von Politikern, des Ermessensspielraums bei der Auslegung von Gesetzen, oder der rechtlichen Grundlagen bei Einbürgerungen. Und mit Bezug auf die europäische Entwicklung der letzten zwanzig Jahre müsste man zweifellos hinzufügen: Fragen der Migration, der europäischen Integration oder ganz generell des Status supranationaler Abkommen und Verträge.

Dagegen sind die Opportunitätskosten für Leute mit abweichenden Meinungen in repräsentativen Systemen deutlich höher. Erstens, weil solche Systeme grundsätzlich weniger transparent sind als partizipatorisch-demokratische, und zweitens, weil informeller Protest mit hohen Kosten verbunden ist – vom Risiko der öffentlichen Diffamierung ganz zu schweigen. Damit belegt Frey die hier vertretene These, dass die direkte Demokratie – ganz im Gegensatz zum repräsentativen Regieren – als Spielverderber für informelle Meinungsmonopole wirkt. Sie tut dies besonders dann, wenn sie föderalistisch organisiert ist.

Der Vorwurf, wonach die direkte Demokratie das Steckenpferd einer bestimmten Partei oder einen rückständigen Populismus darstelle, führt deshalb gleich mehrfach in die Irre. Oft verbirgt sich hinter diesem Vorwurf die im vorigen Kapitel bereits diskutierte epistokratische Gesinnung: Wer sich ans widerspruchslose Regieren gewöhnt hat, dem bereitet der bloße Gedanke der Machtteilung Mühe. Natürlich ist die partizipatorische Demokratie, wie jede Form der Demokratie, keineswegs unschuldig. Am besten fasst man sie als ein Instrument der Weltbetrachtung auf. Denn was sind fakultative und obligatorische Referenden – wie unsinnig sie jenen, die sie bekämpfen, auch erscheinen mögen – anderes, als Versuche, alternative Deutungen in die Welt zu setzen und ihnen damit Gehör zu verschaffen?

In der Schweiz wirkte neben der Absenz einer starken Territorialisierungsmacht seit dem Mittelalter vor allem die Sprachenvielfalt als Schutzwall gegen staatliche Zentralisierung. In einem solchen Land fällt es Eliten schwerer als anderswo, dem Staat das von Bourdieu beschriebene symbolische Kapital zu verschaffen, das ihn und sie selber so gut wie unanfechtbar macht. Es ist dort aufgrund der Vielzahl miteinander konkurrierender Perspektiven schwierig, in den Köpfen der Bürger eine geometrische Vision des Staates zu verankern, in der sich politische Entscheide einer alternativlos-vernünftigen Entwicklung zuordnen lassen. Noch wichtiger in dieser Hinsicht ist jedoch die direkte Demokratie, weil sie das Denken in Alternativen zur Gewohnheit macht. Und so schiebt die direkte Demokratie mit der Zentralisierung auch den Denkschablonen einen Riegel vor.

Länder, die ihre Bürger über ein gewisses Maß an lokaler Autonomie und die aktive Teilnahme am Staatsaufbau in den Zustand der Mündigkeit versetzen, haben deshalb auch im Zeitalter der Globalisierung viele Stärken aufzuweisen. Eine erste besteht in einer systemskeptischen Grundhaltung. Systemskepsis ist nichts Negatives: im Gegenteil. Eine Demokratie lebt von kritischen Bürgern. Eine derart strukturierte Demokratie basiert auf der Einsicht, dass es den perfekten Staat nicht gibt: dass es diesen in einer freiheitlichen Gesellschaft niemals geben kann. Und weil das so ist, machen wir, unvollkommen wie wir nun einmal sind, es halt selber – mit einem Maximum an Beteiligung und Selbstverwaltung; mit dem Wissen um die eigenen Grenzen und einem Vertrauen in die Urteilsfähigkeit auch jener anderen, die unsere Meinung nicht teilen. Die auf aristotelische Vielstimmigkeit gebaute Demokratie ist Platons Herrschaft der Weisen, die die Zentralisierung begünstigt, gegenüber im Vorteil.

II. Die Demokratie der Zukunft

Wie Willy Brandt richtig bemerkte: »Wir stehen nicht am Ende unserer Demokratie, wir fangen erst richtig an«. Diesem Motto folgend, werden in diesem zweiten Teil unseres Buches verschiedene Möglichkeiten aufgezeigt, in welche Richtung sich eine Demokratie weiterentwickeln könnte. Einige der Vorschläge erscheinen – zumindest bei einer kurzen Betrachtung – ungewöhnlich oder sogar illusorisch. Das mag sein. Wir glauben jedoch, dass es dringend notwendig ist, aus den herkömmlichen Debatten über die Demokratie herauszukommen und neue Ideen vorzubringen. Sie sollen die Diskussion befruchten, indem sie bisher vernachlässigte Aspekte aufzeigen.

>>>> FÜNFTES KAPITEL:

Ein neuer Föderalismus: Problemorientierte politische Einheiten

Der erste Vorschlag für eine zukünftige Demokratie ist eine andere territoriale Ordnung. Normalerweise nehmen wir als selbstverständlich an: Eine Nation oder auch eine untergeordnete Einheit (Bundesland, Provinz, Kanton, Gemeinde) haben ein entsprechendes Territorium. Doch diese Identifikation von Regierung und Territorium muss nicht immer zutreffen. Es gibt wichtige Fälle, in denen dies nicht gilt.

So kommt es vor, dass mehrere Regierungen das gleiche Territorium beanspruchen. Manchmal sind die Grenzen schlecht definiert, manchmal ist der Besitz umstritten, und das oft schon seit Jahrhunderten. Dies war die Ursache für unzählige Kriege in der Geschichte der Menschheit. Aus der Sicht der Gesellschaft ist es schwierig zu sehen, was damit wirklich gewonnen wird. Für die Regierungen, die einen Territorialkrieg führen und ihn verlieren, ist das umso leichter zu erkennen. Aber nicht nur die Verlierer, sondern auch die Gewinner geben wertvolle Ressourcen für militärische Zwecke aus.

Daraus folgen Nachteile für die Bevölkerung. Das Streben von zentralistisch regierten Nationalstaaten nach Territorien führt oft, wenn nicht sogar in der Regel, aus *Sicht der Gesellschaft als Ganzes* zu einem ungünstigen Ergebnis. Dezentralisierte Länder, in denen Gemeinden, Gliedstaaten und die Zentralregierung für das gleiche Territorium zuständig sind, stellen bereits eine Entwicklung in eine sinnvolle Richtung dar, weil nicht mehr alleine eine Regierungseinheit – der Zentralstaat – für ein Territorium zuständig ist, sondern verschiedene politische Organe.

Es gibt sogar Regierungen ohne Territorium. Viele verschiedene quasi-staatliche Organisationen (QANGOs) erfüllen ähnliche, wenn nicht sogar die gleichen Funktionen wie Staaten. Beispiele sind internationale Organisationen wie die Vereinten Nationen oder der Internationale Gerichtshof in Den Haag. Sie setzen sich aus Mitgliedsländern zusammen, haben aber keine Monopolmacht über ein Territorium. Die Anzahl und Bedeutung solcher »virtueller« Regierungen hat stark zugenommen. Es existieren mindestens 350 zwischenstaatliche internationale Organisationen mit weit mehr als 100.000 Mitarbeitern.

Ein weiterer Fall von virtuellen Regierungen sind religiöse Organisationen, wie z. B. die katholische Kirche. Sie hat das Monopol über ein winziges Territorium in Rom, aber ihre Bedeutung rührt von einer ganz anderen Quelle her, nämlich der Treue ihrer Mitglieder. Bis zu einem gewissen Grad übt sie ähnliche Tätigkeiten aus wie normale Regierungen (z. B. betreibt sie eine Außenpolitik) und erhebt sogar Steuern. In einem viel kleineren Maßstab ist der »souveräne« Orden von Malta (er hat Botschafter in mehreren Hauptstädten der Welt) ebenfalls zu nennen. Relevanter sind heute jedoch Sportorganisationen, von denen einige über enorme Ressourcen verfügen. Das prominenteste Beispiel ist die FIFA, der internationale Fußballverband. Solche Verbände üben auch einige regierungsähnliche Aktivitäten aus (z. B. erlassen sie Regeln für ihre Mitglieder, sie betreiben indirekt Außenpolitik und leisten Entwicklungshilfe). Das Gleiche gilt für Kulturvereine und internationale Aktionsgruppen wie Greenpeace, die nicht an ein Territorium gebunden sind.

Die wichtigsten virtuellen Regierungen ohne Territorium sind aber die gewinnorientierten globalen Firmen. Traditionelle Firmen besitzen immer noch Werke in bestimmten Ländern, aber die digitale Revolution hat eine schnell wachsende Zahl von Wissensfirmen in der New Economy hervorgebracht. Ihr einziges Kapital sind menschliche Ressourcen und Ideen, und sie sind an kein Territorium gebunden. Oft wird der Umsatz solcher Unternehmen mit der Größe des öffentlichen Sektors von Flächenstaaten verglichen. Es stellt sich heraus, dass nur einige sehr große Länder mit der Größe der größten internationalen Unternehmen mithalten können. Solche Firmen nehmen staatliche Funktionen wahr, in dem Sinne, dass sie das tägliche Leben ihrer Mitglieder mindestens genauso stark beeinflussen wie Staaten (z. B. schreiben sie eine Sprache vor, die gesprochen werden muss, und Regeln, die befolgt werden müssen), oder sie verhandeln auf Augenhöhe mit Nationalstaaten.

Wir sind uns natürlich bewusst, dass internationale Organisationen, Kirchen und globale Firmen nicht den traditionellen rechtlichen Definitionen einer »Regierung« entsprechen. Diese Einheiten sind in der Tat nicht mit Regierungen identisch. Aber es sollte auch bedacht werden, dass die traditionellen Definitionen von »Regierung« auf der Vorstellung beruhen, dass es in der Natur von Regierungen liegt, ein territoriales Monopol zu haben. Der Zweck unserer Diskussion ist aber gerade der, diese Eigenschaft zu hinterfragen. Wir wollen darüber hinaus zeigen, dass politische Einheiten nicht im Hinblick auf eine bestimmte geographische Ausdehnung – wie Gemeinden, Bundesländer und Kantone oder Zentralstaaten – definiert sein müssen, sondern gemäß der zu erfüllenden Aufgaben. Die im Folgenden vorgebrachte Idee ist sicherlich ungewöhnlich, entspricht jedoch den heute zu bewältigenden Problemen in einer modernen Gesellschaft.

>><<

Staatliche Einheiten, deren Merkmal nicht territoriale Ausdehnung, sondern *die zu erfüllende Aufgabe oder Funktion* ist, sind zwingend föderal organisiert. Die Aufgabe einer Föderation besteht darin, die Präferenzen der Individuen durch eine Dezentralisierung der Regierungstätigkeit besser zu erfüllen. Die von der Regierung angebotenen Güter und Dienstleistungen können enger auf diese Bedürfnisse ausgerichtet werden, da sie sich räumlich unterscheiden aufgrund von geografischen und physischen Eigenschaften, z. B. zwischen Bergregionen und Ebenen oder zwischen ländlichen Gebieten und Städten, ethnischer Zugehörigkeit, Kultur und Traditionen, der Wirtschaftsstruktur, z. B. hinsichtlich des Anteils von landwirtschaftlicher und industrieller Produktion und Dienstleistungen, sowie auch der Sozialstruktur, z. B. in Bezug auf die Einkommensverteilung, den Anteil junger Familien mit Kindern und Personen im Ruhestand.

Diese Unterschiede führen zu unterschiedlichen Anforderungen an das öffentliche Handeln, z. B. hinsichtlich der gewünschten Ausgaben für Bildung oder soziale Dienste. In einem rein technokratischen Konzept von Politik können solche räumlich unterschiedlichen Anforderungen von einer zentralisierten Regierung erfüllt werden. Dies vernachlässigt aber menschliches Verhalten völlig und setzt im Wesentlichen einen allwissenden und wohlwollenden Planer voraus. In der politischen Sphäre hat die Dezentralisierung klare Informationsvorteile, weil die lokalen Politiker die Bedürfnisse und Zwänge der lokalen Bevölkerung besser kennen.

Aus polit-ökonomischer Sicht ist dabei von besonderer Bedeutung, dass sich die Besteuerung und die damit finanzierten Staatsausgaben bestmöglich entsprechen (sog. fiskalische Äquivalenz).[74]

Jede Jurisdiktion sollte sich so über den Raum erstrecken, dass die Empfänger der Leistungen so weit wie möglich mit den Steuerzahlern übereinstimmen. Räumliche externe Effekte – positive Spillover, wenn Nichtzahler von öffentlichen Leistungen profitieren, und negative Spillover, wenn Außenstehende mit Kosten belastet werden – werden damit vermieden. Die verschiedenen öffentlichen Aktivitäten sind der am besten geeigneten staatlichen Ebene zuzuordnen. Lokale öffentliche Aufgaben, wie etwa Abfallentsorgung oder Straßenreinigung, sollen von den lokalen staatlichen Einheiten bereitgestellt werden, die die spezifischen Verhältnisse gut kennen. Hingegen stellen Überlandstraßen eine nationale Aufgabe dar, die von der Zentralregierung zu erfüllen ist.

Die meisten Länder der heutigen Welt, insbesondere die großen, haben eine föderale Verfassung. Damit Föderalismus zufriedenstellend funktioniert, müssen zwei Bedingungen erfüllt sein:

Zunächst müssen die Untereinheiten die Macht haben, die Bürger für die von ihnen wahrgenommenen Aufgaben zu besteuern. Dies zwingt sie dazu, Nutzen und Kosten der staatlichen Aktivitäten abzuwägen. Gleichzeitig verleiht dies den Untereinheiten ein gewisses Maß an Unabhängigkeit von der Zentralregierung. Diese Anforderung wird in den meisten existierenden »Föderationen« nicht erfüllt. Lokalpolitiker müssen sich heute weitgehend auf die Vorgaben der Zentralverwaltung einlassen.

Ebenso wichtig ist die Wahl der Lokalpolitiker durch Bürger ihres Zuständigkeitsbereiches und nicht durch eine größere Wählerschaft, geschweige denn, dass sie von der Zentralregierung oder nationalen Parteigremien ernannt werden. Die lokalen politischen Entscheidungsträger werden wegen ihrer Abhängigkeit von den lokalen Wählerinnen und Wählern motiviert, sich auch wirklich um die Wünsche der lokalen Bevölkerung zu kümmern. Durch diese gegenseitige Bedingung werden die Anreize der Politiker mit den Wünschen der lokalen Bevölkerung in Einklang gebracht. Die Nähe der Bürger zu den relevanten Fragen und Problemen schafft jenes Gefühl der Zugehörigkeit, das wir weiter oben als Voraussetzung für demokratisches Engagement beschrieben haben. Mit der Zeit ist auch die Ausbildung eines kulturellen und historischen Bewusstseins keineswegs auszuschließen, ja sie ist sogar wahrscheinlich. Denn die Geschichte zeigt: Patriotismus ist nicht das Privileg des Nationalstaats, er gedeiht sehr wohl auch im lokalen und regionalen Rahmen.

Die meisten gegenwärtig existierenden Föderationen erfüllen allerdings die genannten institutionellen Anforderungen nicht oder nur zu einem geringen Teil. Wenn die historischen Grenzen von Zuständigkeitsbereichen beispielsweise durch zufällige Ereignisse bestimmt sind, kann nicht mehr davon gesprochen werden, dass es sich um eine sinnvoll geplante Föderation handelt. Dies ist zum Beispiel bei der Stadt Konstanz der Fall, deren Altstadt linksrheinisch, also eigentlich auf der schweizerischen Seite des Rheines, liegt. In der Geschichte und Gegenwart ist die Stadt immer eng mit dem Schweizer Kanton Thurgau verbunden gewesen, was das Identitätsgefühl der Einwohnerinnen und Einwohner von Konstanz beeinflusst. Dass die Stadt heute zu Deutschland gehört, ist somit eher zufällig.

Da die existierenden Föderationen also die eigentlichen Anforderungen an sie nicht erfüllen (können), wird hier der Vorschlag für einen neuen Typ eines Föderalismus unterbreitet, der eine Kombination der vier oben diskutierten Aspekte des Föderalismus darstellt: Er erfüllt die Bedingung der »fiskalischen Äquivalenz«, indem er ein Netzwerk von mehreren und sich überlappenden Regierungseinheiten vorschlägt. Er basiert auf klar definierten Mitgliedern und Grenzen, entsprechend der zu erfüllenden öffentlichen Funktionen, und ist somit mit einem »Club« vergleichbar. Er ist wettbewerbsfähig, indem er den Austritt und den Eintritt von Mitgliedern nach dem Mechanismus der »Abstimmung mit den Füßen« erlaubt. Und er fügt politischen Wettbewerb über Wahlen und Referenden hinzu und beinhaltet somit Institutionen, die »Mitsprache« begünstigen.

>><<

Die hier vorgeschlagenen aufgabenorientierten föderalen Einheiten haben also vier Bedingungen zu erfüllen. Sie sind *erstens* problemorientiert (»Functional«). Die neuen politischen Einheiten erstrecken sich über variable Bereiche, entsprechend den zu erfüllenden Aufgaben oder Funktionen. *Zweitens* überschneiden sie sich (»Overlapping«), das heißt, es gibt Regierungseinheiten, die sich je nach Problembereich über unterschiedliche geographische Gebiete erstrecken. Sie stehen *drittens* im Wettbewerb zueinander (»Competing«), das bedeutet: Individuen und/oder Gemeinschaften können wählen, zu welcher Regierungseinheit sie gehören wollen, und sie haben das Recht, ihre Präferenzen direkt über Initiativen und Referenden auszudrücken. Die genannten Eigenschaften machen sie *viertens* zu souveränen staatlichen Einheiten (»Jurisdictions«). Sie haben Vollzugsgewalt und können insbesondere Steuern erheben und ihre eigenen Ausgaben beschließen. Diese neuen Einheiten werden FOCJ genannt, den vier konstitutiven Elementen der hier vorgeschlagenen neuen Einheiten entsprechend: »Functional Overlapping Competing Jurisdictions«[75]. Eine einzelne Einheit soll FOCUS genannt werden. Diese neuen staatlichen Einheiten sind auf die Auseinandersetzung mit Problemen fokussiert. Solche Probleme können in allen möglichen Bereichen zu finden sein, sei es Verkehr, Tourismus, Gesundheit, Ausbildung, Sicherheit, natürliche Umwelt oder andere staatliche Tätigkeiten.

Sehen wir uns als Fallbeispiel für einen solchen möglichen FOCUS einmal den Bodenseeraum an. Gegenwärtig sind dafür zwei deutsche Bundesländer (Baden-Württemberg und Bayern), ein österreichisches Bundesland (Vorarlberg) und drei Schweizer Kantone (St. Gallen, Thurgau, Schaffhausen) zuständig. Entsprechend ist eine Koordination der zu erfüllenden Aufgaben beispielsweise hinsichtlich der Sauberkeit des Wassers, des Verkehrs auf dem See und des Tourismus schwierig und zuweilen gar unmöglich. Sinnvoll wäre hier also ein FOCUS, der von den einzelnen anliegenden staatlichen Körperschaften gegründet wird und sich ausschließlich diesen Problemen am Bodensee widmet. Diese neue staatliche Körperschaft tritt an die Stelle der Zentralstaaten. Um die Aufgabe problemgerecht, selbstständig und effizient zu erfüllen, muss anstelle der Zentralregierung dieser FOCUS Steuern erheben können, um die erforderlichen

Maßnahmen durchführen zu können. Entsprechend sind die Bundessteuern zu senken. Die Bürgerinnen und Bürger dieser FOCUS-Region müssen mitbestimmen dürfen, ob die Leitung des FOCUS ihre Aufgabe gut erfüllt. Dazu sollen sie deren Mitglieder wählen können und zu bestimmten Fragen – etwa welche Wasserqualität sinnvoll ist – abstimmen dürfen.

Das Territorium eines FOCUS ist variabel; es verändert sich entsprechend den sich ändernden Problemen. Ein FOCUS besitzt kein territoriales Monopol, wie das heute bei Gemeinden, Bundesländern oder Kantonen der Fall ist. Vielmehr stehen sie im Wettbewerb mit anderen FOCJ und sind darüber hinaus einem politischen Wettbewerb ausgesetzt. Die vier wichtigsten Elemente der FOCJ seien nun näher erläutert:

Eine bestimmte öffentliche Dienstleistung, die einem bestimmten geographischen Gebiet zugutekommt, sollte von den Menschen finanziert werden, die in diesem Gebiet leben. Es sollen vom Nutzen und den Kosten der öffentlichen Leistung so wenig Personen wie möglich betroffen werden, die außerhalb eines bestimmten FOCUS leben und arbeiten. Die Exekutiven dieser neuen Einheiten sind gezwungen, auf die Anforderungen der Bürger und Bürgerinnen einzugehen, weil sie von ihnen direkt gewählt werden. Deshalb sind sie bestrebt, öffentliche Leistungen anzubieten, welche für die Einwohner eines FOCUS ein günstiges Nutzen-Kosten-Verhältnis darstellen. Um die Kosten zu minimieren, müssen diese Einheiten Größenvorteile in der Produktion ausnutzen. Da sich Letztere zwischen den Funktionen stark unterscheiden können (z. B. zwischen Schulen, Polizei, Krankenhäusern, Kraftwerken und Verteidigung), gibt es einen zusätzlichen Grund für Regierungseinheiten unterschiedlicher Größe. Manche Umweltprobleme sind auf eine kleine Fläche beschränkt, sodass ein FOCUS entsprechend klein sein kann. Umgekehrt kann die militärische Verteidigung eines Landes nur im großen Rahmen sinnvoll angegangen werden, meist sogar über die Landesgrenzen hinaus. Entsprechend sollte ein VerteidigungsFOCUS mehrere Länder umfassen. Die Ausdehnung der staatlichen Einheiten ist somit variabel und den Bedürfnissen angepasst, was ein wesentlicher Bestandteil eines FOCUS ist.

FOCJ können sich in mehrfacher Hinsicht überschneiden. Ein Individuum oder eine politische Gemeinschaft gehört in der Regel mehreren FOCJ gleichzeitig an. Ein FOCUS muss nicht physisch zusammenhängend sein, und er hat kein Monopol auf ein bestimmtes Gebiet. Damit unterscheidet sich dieses Konzept völlig vom archaischen Nationalismus mit seinen Kämpfen um Landstücke.

Die Politiker und Politikerinnen eines FOCUS werden durch zwei Mechanismen dazu gebracht, sich eng an die Präferenzen ihrer Mitglieder anzupassen. Die Individuen und Gemeinschaften können einerseits aus einem FOCUS austreten, wenn sie mit dem Verhältnis von dessen Leistungen und den aufzubringenden Steuern nicht zufrieden sind. Der FOCUS verliert damit an Bedeutung, was die politischen Entscheidungsträger veranlasst, stärker auf die Bedürfnisse der Bevölkerung einzugehen. Andererseits sollen die Bürgerinnen und Bürger die Personen, die FOCJ leiten, direkt wählen und das Recht erhalten, mittels Volksabstimmungen über Inhalte mitzubestimmen.

FOCJ sind im Vergleich zu traditionellen Formen des Föderalismus vorteilhaft hinsichtlich der Anreize für die Regierungen und der Möglichkeiten, unterschiedliche Präferenzen der Individuen zu befriedigen. Weil ein FOCUS nur eine Funktion umfasst, ist er zudem besser in der Lage, die eigene Leistung mit der von anderen Regierungen zu vergleichen.

FOCJ können weiterhin besonders gut öffentliche Dienstleistungen zu geringen Kosten erbringen, da ihre Ausdehnungen so angepasst sind, dass sie möglichst alle Nutzen und Kosten berücksichtigen. Wenn sich der Nutzen einer bestimmten Aktivität unteilbar über große Gebiete erstreckt und dadurch die Kosten sinken, kann der entsprechende optimale FOCUS viele Gemeinden, mehrere Nationen oder sogar ganz Europa umfassen. Ein solcher Fall liegt im Zusammenschluss der westlichen Welt gegen äußere Aggression bereits vor – hier würde sich also ein entsprechender FOCUS über die ganze freie Welt (d. h. sogar über die Europäische Union und die NATO hinaus) erstrecken. Was die Ausdehnung eines FOCUS bestimmt, sind neben Nutzenerwägungen also auch gemeinsame Werte oder kulturelle Interessen.

Die Drohung unzufriedener Bürger oder Gemeinschaften, einen FOCUS zu verlassen, und der Vorteil, dass neue Bürger und Gemeinschaften beitreten, gibt den verantwortlichen Politikerinnen einen Anreiz, die Präferenzen der Bürger und Bürgerinnen ernstzunehmen und öffentliche Dienstleistungen effizient zu erbringen. FOCJ können auch das Kartell der Politiker gegenüber kompetenten Außenstehenden aufbrechen. Während nämlich insbesondere nationalstaatliche Jurisdiktionen Personen mit breitem und nicht spezialisiertem Wissen anziehen, um Politiker zu werden, können in einem FOCUS stattdessen Personen mit einem fundierten Wissen in einem bestimmten Funktionsbereich (z. B. Bildung oder Müllabfuhr) erfolgreich sein.

Ein solches föderales Netz, das aus FOCJ besteht, hätte sicherlich Auswirkungen auf die Rolle der Nationalstaaten. Sie würden die Funktionen verlieren, die sie ungenügend erfüllen oder die sie nur zu höheren Kosten produzieren als FOCJ, die auf die Ausnutzung von Kostenvorteilen ausgelegt sind. Unser Vorschlag zielt jedoch nicht darauf ab, Nationalstaaten abzuschaffen. Sie hätten insofern weiterhin ihre Berechtigung, als dass sie einige Funktionen entsprechend den Präferenzen der Bevölkerung effizienter bereitstellen können als einzelne FOCJs. Beispielsweise gibt es einige wenige Staaten auf der Welt, die kulturell homogen sind. In diesem Falle könnten manche kulturelle Aufgaben auf der Ebene des Zentralstaates angegangen werden, zum Beispiel all das, was die

Sprache und die Pflege und Förderung nationaler Gebräuche betrifft. Es kann auch sinnvoll sein, soziale Vorschriften auf der Ebene der Nation festzulegen, besonders wenn eine hohe Mobilität zwischen einzelnen Regionen innerhalb des Landes besteht. Fast immer wird auch Landesverteidigung als spezifisch nationale Aufgabe angesehen und betrieben, wobei allerdings immer deutlicher wird, dass eine übergeordnete Einheit wie die NATO unentbehrlich ist.

In einem föderalen System von FOCJ ist jede Person Bürger oder Bürgerin verschiedener Jurisdiktionen. Infolgedessen kann der Einzelne durch die Teilnahme an zu vielen Wahlen und Volksabstimmungen überfordert sein. In einem direktdemokratischen FOCUS hingegen fällt es den Bürgern viel leichter, sich politisch zu beteiligen, da sie jeweils nur eine konkrete Aktivität, wie zum Beispiel die Qualität einer Schule, die von mehreren Gemeinden gemeinsam als FOCUS betrieben wird, zu beurteilen haben.

Natürlich gäbe es auch in einer auf diese Weise organisierten Demokratie Herausforderungen, die gemeistert werden müssen. Beispielsweise wäre jede Person mit einer Vielzahl von Anbietern öffentlicher Dienstleistungen konfrontiert, was ihr das Leben schwer machen könnte. Diese Auswahlmöglichkeiten sind dem jetzigen Angebot im privaten Sektor ähnlich, wo ebenfalls zwischen vielen Gütern und Dienstleistungen zu entscheiden ist. Wenn Bürgerinnen oder Bürger dies als Problem empfinden, könnte ein staatlicher oder ein privater Beratungsdienst eingerichtet werden, der Informationen und Unterstützung für die Entscheidungen der Verbraucher bietet. Auch müssen die Aktivitäten von FOCJ koordiniert werden. Während eine Abstimmung offensichtlich oft notwendig ist, ist eine Koordinierung zwischen Regierungen an sich keine gute Maßnahme. Sie dient häufig dazu, Kartelle unter den Mitgliedern der »classe politique« zu bilden, die dann die Wünsche der Bevölkerung umgehen oder sogar ausnutzen.[76]

Oft wird behauptet, ein derart strukturierter Föderalismus, der den Bürgern Optionen eröffnet, untergrabe eine soziale Umverteilungspolitik. Diese Befürchtung ist unberechtigt, da die Bürger immer noch ihre Solidarität gegenüber Personen mit geringem Einkommen zum Ausdruck bringen können. Nur wenn die Umverteilung ein rein öffentliches Gut ist und somit Trittbrettfahren verhindert werden muss, kann ein Problem entstehen. Empirische Untersuchungen deuten jedoch darauf hin, dass in föderalen Systemen substanzielle Umverteilungen durchaus möglich sind.

>><<

Dezentrale, sich überlappende politische Einheiten waren ein wichtiges Merkmal der europäischen Geschichte. Die Konkurrenz zwischen den Regierungen im Heiligen Römischen Reich Deutscher Nation, insbesondere im heutigen Italien und Deutschland, war intensiv. Viele dieser Regierungen waren von geringer Größe. Der Aufstieg Europas lässt sich auf diese Vielfalt und den Wettbewerb der Regierungseinheiten zurückführen, der technische, wirtschaftliche und künstlerische Innovationen förderte.[77] Die Einigung Italiens und Deutschlands im 19. Jahrhundert, die oft als großer Fortschritt gepriesen wird, beendete teilweise diesen stimulierenden Wettbewerb zwischen den Regierungen und führte stattdessen zu tödlichen Kämpfen zwischen den neu entstandenen Nationalstaaten. Einige kleinere Staaten entzogen sich im Zuge dessen der Logik der nationalstaatlichen Zentralisierung nach dem Ideal der kulturellen oder ethnischen Homogenität. Liechtenstein, Luxemburg, Monaco, San Marino und die Schweiz blieben politisch unabhängig und wurden gleichzeitig reich.

Die genannten staatlichen Einheiten im Heiligen Römischen Reich Deutscher Nation waren zwar keine FOCJ in dem hier skizzierten Sinne, aber sie teilten die Eigenschaft, untereinander um Arbeit und Kapital (einschließlich künstlerischem Kapital) zu konkurrieren. Die Geschichte offenbart jedoch auch Beispiele für Jurisdiktionen, die FOCJ ähneln. Probleme, die wie in Polen durch die starke ethnische und religiöse Vielfalt (Katholiken, Protestanten und Juden) verursacht wurden, wurden vormals zumindest teilweise durch Jurisdiktionen überwunden, die entlang der hier vorgeschlagenen Merkmale organisiert waren. So umfasste die vom 12. bis zum 16. Jahrhundert sehr erfolgreiche Hanse u. a. Lübeck, Bremen, Köln (heute deutsch), Stettin und Danzig (heute polnisch), Kaliningrad (heute russisch), Riga, Reval und Dorpat (heute Teile der baltischen Republiken) sowie Groningen und Deventer (heute niederländisch). Darüber hinaus waren London (England), Brügge und Antwerpen (heute belgisch) und Nowgorod (heute russisch) Handelskontore oder assoziierte Mitglieder. Es handelte sich eindeutig um eine funktionale staatliche Einheit, die Handelsregeln und -einrichtungen vorsah und geographisch nicht zusammenhängend war.

In zwei Ländern gibt es auch heute funktionale, sich überschneidende und konkurrierende Gerichtsbarkeiten (die jedoch nicht in allen Fällen alle oben genannten Anforderungen der FOCJ erfüllen). Zum einen in den Vereinigten Staaten, wo Sonderbezirke (special districts) eine bedeutende Rolle im föderalistischen System spielen. Dabei schließen sich verschiedene Gemeinden zusammen, um beispielsweise den Abfall zu entsorgen oder im Bereich Schulbildung Beschlüsse zu fassen. Die Zahl der Sonderbezirke hat in den USA in den letzten Jahrzehnten sogar erheblich zugenommen. Während einige der Sonderbezirke von den Mitgliedsgemeinden abhängig sind, sind andere wiederum autonom. Formell sind sie manchmal demokratisch organisiert, wobei allerdings oft die Leitung eines Sonderbezirks dominiert.

Auch in der föderalistischen Schweiz gibt es zahlreiche Regierungseinheiten, die den funktionalen, sich überlappenden und miteinander konkurrierenden Jurisdiktionen (FOCJ) nahekommen. Neben den 26 Kantonen gibt es rund 8000 Gemeinden in verschiedenen Formen. Die wichtigsten sind die 2940 politischen Gemeinden, die das Bürgerrecht definieren.

Ein Schweizer ist zuerst einmal Bürger einer politischen Gemeinde, sie bildet seit der Schaffung des modernen Bundesstaates die Voraussetzung für die Erlangung des Schweizerischen Bürgerrechts. Diese Gemeinden haben eine beträchtliche Autonomie, insbesondere haben sie weitreichende Befugnisse, Einkommens- und Vermögenssteuern zu erheben. Infolgedessen können sich die Steuersätze zwischen benachbarten politischen Gemeinden stark unterscheiden – ein Faktor, der einen politischen Wettbewerb zwischen den Gemeinden und Bündelungen von öffentlichen Dienstleistungen und Steuern zugunsten der Bürger hervorruft. Neben den politischen Gemeinden gibt es rund 5000 sich überlappende, funktionale Sondergemeinden. Die wichtigsten sind die Schulgemeinden, in denen die Kinder einer oder mehrerer politischer Gemeinden unterrichtet werden. Sie sind öffentliche Einheiten, die ihre eigenen Steuern erheben, deren Höhe von einer Bürgerversammlung festgelegt wird. Weitere funktionale, demokratische Gemeinden sind die von der evangelischen und katholischen Kirche gegründeten Einheiten. Ein Bürger oder eine Bürgerin kann frei wählen, ob und welcher er oder sie angehören möchte, wer jedoch Mitglied ist, muss die entsprechende Steuer zahlen. Neben diesen und anderen Gemeindetypen gibt es viele tausend »Gemeindeverbände« oder »Zweckverbände«, die von den Gemeinden gegründet werden, um bestimmte Aufgaben wie Kanalisation, Krankenhäuser, Altenheime oder Müllabfuhr zu erledigen. Diese Einheiten haben jedoch keine eigenständige Steuerkompetenz und es gibt nur selten direkte Beteiligungsrechte der Bürger.[78]

Eine ganz andere Art von funktionalen, überlappenden und konkurrierenden Körperschaften entwickelt sich im Cyperspace. Während Gesetze, die das Geschäftsgebaren regeln, in erster Linie länderspezifisch sind, kennt das Internet keine geografischen Grenzen, und Netzfirmen können von einer Gerichtsbarkeit in eine andere wechseln, indem sie den Standort ihrer Server ändern.

>><<

Die Organisation von Staaten folgt heute aus zwei wesentlichen Gründen nicht dem Modell der funktionalen, überlappenden und konkurrierenden Jurisdiktionen. Individuen und Gemeinschaften ist es in vielen Ländern sogar verboten, solche Jurisdiktionen einzurichten. In manchen Ländern der Europäischen Union ist es Gemeinschaften nicht einmal erlaubt, ohne die Zustimmung der Zentralregierung formell miteinander zu kooperieren.[79]

Denn: FOCJ tangieren die Interessen von Politikern und öffentlichen Beamten auf allen Regierungsebenen. FOCJ reduzieren die Macht der öffentlichen Anbieter und erhöhen den Einfluss der Bürger durch die neu eingeführten Mechanismen des Wettbewerbs, durch Eintritt und Austritt und durch direktdemokratische Elemente. Beides wird regelmäßig von den herrschenden Politikern bekämpft.

Ein föderales System von funktionalen Körperschaften wird nicht entstehen, wenn diese Barrieren nicht überwunden werden. Es müssen dafür neue verfassungsrechtliche Regelungen entstehen, die die Bildung von FOCJ ermöglichen und den Bürgern und den Regierungen das Recht geben, das Verfassungsgericht anzurufen, wenn sie blockiert werden.

Souveräne, problemorientierte politische Einheiten brechen mit der tief verwurzelten Vorstellung, dass Regierungen ein genau definiertes territoriales Monopol haben müssen. Der hier unterbreitete Vorschlag ist jedoch nicht utopisch, sondern steht im Einklang mit virtuellen digitalen Einheiten, wie sie in der jüngsten Vergangenheit entstanden sind. Zudem gab es vor dem Aufstieg der Nationalstaaten im 19. Jahrhundert zahlreiche Gebilde, die viel mit den hier beschriebenen FOCJ gemein hatten. Auch bei den problemorientierten Einheiten der Zukunft wird es sich deshalb keineswegs um rein künstliche Gebilde handeln, die sich einem technokratischen Akt verdanken. Neben gemeinsamen Interessen wird ihre Existenz – mittel- und langfristig – nur durch das Gefühl einer gemeinsamen Zugehörigkeit zu sichern sein.

>>>> SECHSTES KAPITEL:

Flexibles demokratisches Abstimmungssystem

Im letzten Kapitel wurde der Vorschlag unterbreitet, neue föderale Einheiten – Functional Overlapping Competing Jurisdictions – zu schaffen, deren Ausdehnung sich variabel nach den zu bewältigenden Problemen richtet. Sie entsprechen nicht den historisch gegebenen Ausdehnungen von Nationen, Bundesländern, Kantonen und Gemeinden. In diesen nach Problemen orientierten politischen Einheiten sollen die Bürgerinnen und Bürger eine möglichst umfassende Mitsprache haben. Die für eine solche Mitsprache bisher verwendeten direktdemokratischen Verfahren mittels Volksabstimmungen haben jedoch einige bedeutsame Mängel. Dazu gehört vor allem, dass eine Entscheidung durch *einfache Mehrheit* erfolgt. Die Anliegen derjenigen Mitglieder einer bestimmten politischen Einheit, die in der Minderheit sind, also weniger als 50 % der Stimmenden ausmachen, werden vernachlässigt. Das in diesem Kapitel vorgeschlagene neue Verfahren zur politischen Entscheidungsfindung in einer Demokratie sucht diesen Missstand zu überwinden.

Die hier vorgeschlagene *Flexible Entscheidungsregel* (*FER*) zielt darauf ab, den großen Nachteil der einfachen und auch qualifizierten Mehrheitsregel zu überwinden, die die Überlegungen der unterlegenen Minderheit – die in manchen Fällen durchaus groß sein kann – außer Acht lässt. Die FER berücksichtigt sowohl die Gründe für die Annahme als auch für die Ablehnung eines Vorschlags und gewichtet sie entsprechend dem Anteil der Wähler, die sich dafür oder dagegen entscheiden. Die Entscheidungsregel ist einfach und intuitiv. Sie ist immer dann anwendbar, wenn eine Frage in Begriffen wie »mehr« und »weniger« formuliert werden kann und nicht nur in einer dichotomen Form von »alles« oder »nichts«.

Die meisten politischen Entscheidungen werden nach dem Prinzip der einfachen Mehrheit getroffen: Es gewinnt der Vorschlag, der mehr als 50 % der Stimmen erhält. Diese Regel ist allgemein akzeptiert; sie wird oft sogar als selbstverständlich angesehen. Sie stößt jedoch auf Schwierigkeiten, wenn die Mehrheit nur etwas mehr als 50 % beträgt.

Ein aktueller Fall ist die Brexit-Abstimmung 2016 im Vereinigten Königreich. 51,9 % der Wähler stimmten mit Ja (für »Leave«), 48,1 % mit Nein (»Remain«). Auch in der Schweiz, dem Land mit den mit Abstand meisten Bürgerreferenden, fielen mehrere Abstimmungen äußerst knapp aus. So wurde in den letzten Jahren eine Initiative zur »Verantwortung von Unternehmen« mit 50,7 % angenommen (aber, weil sie von der Mehrheit der Kantone abgelehnt wurde, nicht rechtskräftig); ein Referendum zu Fragen der Jagd wurde mit 48,1 % angenommen; die wegen des drohenden Defizits vorgeschlagene Zusatzfinanzierung der Alters- und Hinterbliebenen-Versicherung AHV wurde mit 50,0 % angenommen und mit 50,0 % abgelehnt; und die Vorlage zum Kauf neuer Militärflugzeuge wurde von 50,1 % der Stimmberechtigten angenommen.

Für die unterlegenen Stimmenden sind solche knappen politischen Entscheide nur schwer akzeptierbar. Die geäußerten Wünsche von fast der Hälfte der Wähler und Wählerinnen werden missachtet, während die geäußerten Wünsche von nur etwas mehr als der Hälfte der Wählerschaft voll erfüllt werden. Die einfache Mehrheitsentscheidung führt zu einer Dichotomie zwischen Gewinnern und Verlierern. Solche Ergebnisse begünstigen eine Polarisierung der Bevölkerung.

In Demokratien gibt es Bedingungen, unter denen eine Zwei-Drittel- oder eine Drei-Viertel-Mehrheit erforderlich ist. Solche qualifizierten Mehrheiten reduzieren die Zahl der Verlierer, erschweren es aber, eine Entscheidung zu erreichen. Die extremste Form ist die Einstimmigkeit. In diesem Fall gibt es keine Verlierer, weil ja jeder ein für ihn oder sie ungünstiges Ergebnis verhindern kann. Aus verschiedenen Gründen wird Einstimmigkeit selten erreicht, insbesondere wenn sich die Wähler strategisch verhalten und ihre individuellen Präferenzen nicht ehrlich offenbaren. Sie können damit jede Entscheidung in der Hoffnung zu Fall bringen, bei einem anderen Vorschlag noch mehr zu profitieren. Damit werden neue politische Entscheidungen verhindert. Die bestehenden Verhältnisse werden zementiert und die für die Zukunft notwendigen Erneuerungen blockiert.

>><<

Das beschriebene Problem ließe sich mit der von uns vorgeschlagenen Entscheidungsregel entschärfen. Die Flexible Entscheidungsregel (FER) ist intuitiv leicht zu verstehen und umzusetzen und darüber hinaus zeitlich flexibel. Wie alle Entscheidungsregeln hat aber auch sie Vor- und Nachteile.

Das neue Abstimmungsverfahren wird also *Flexible Entscheidungsregel* genannt. Die Wählerschaft wird aufgefordert, über einen Vorschlag abzustimmen. Das Abstimmungsergebnis sei, dass y Prozent dem Vorschlag zustimmen und (1-y) Prozent ihn ablehnen. Die Größe von y wird dann dazu verwendet, die Anliegen der Gewinner und der Verlierer auszugleichen. Je höher y ist, desto mehr wird der Vorschlag so umgesetzt, wie er vorgebracht wurde; je niedriger y ist, desto mehr wird der Vorschlag nach den Wünschen des (1-y) Anteils der Wähler umgesetzt.

Ein Beispiel veranschaulicht das Verfahren auf einfache Art und Weise. Nehmen wir an, Regierung und Parlament schlagen vor, dass Jugendliche das volle Wahlrecht ab dem Alter von 16 Jahren erhalten sollen und nicht wie heute mit 18 Jahren. Unterstützen nach dem üblichen Verfahren der einfachen Mehrheit mehr als 50 % der Wähler den Vorschlag, erhalten junge Menschen ab dem Alter von 16 Jahren das verfassungsmäßige Recht, sich an allen Volksabstimmungen zu beteiligen. Verwirft hingegen eine Mehrheit der Abstimmenden diese Vorlage, wird den Jugendlichen jegliches Abstimmungsrecht verwehrt.

Eine derartige Senkung des Stimmrechtalters wurde in der Tat in einer Volksabstimmung vorgeschlagen, die im Mai 2022 im Schweizer Kanton Zürich durchgeführt wurde. 65 % der Wählerinnen und Wähler lehnten diesen Vorschlag ab. Nur eine Minderheit von 35 % der Abstimmenden befürworteten das Abstimmungsrecht für Jugendliche zwischen dem Alter von 16 und 18 Jahren. Die Jugendlichen unter 18 Jahren verfügen deshalb in diesem Kanton über kein Stimmrecht. Ein derart extremes Ergebnis wird mit der Flexiblen Entscheidungsregel vermieden. Gälte die Flexible Entscheidungsregel, würden die Jugendlichen ein Stimmrecht von 35 % im Vergleich zum vollen Stimmrecht der älteren Bürgerinnen und Bürger erhalten. Das bedeutet, dass die Anliegen derjenigen Bürgerinnen und Bürger, die diese Ausweitung des Stimmrechts sinnvoll finden, ebenfalls berücksichtigt werden – und zwar genau in dem Ausmaß, in dem diese Ansicht in der Wählerschaft verbreitet ist.

Wie das Beispiel zeigt, kann die Flexible Entscheidungsregel auf verfassungsrechtlicher Ebene eingesetzt werden, um das Stimmgewicht verschiedener Personen festzusetzen. Im Hinblick auf das Alter kann das Verfahren nicht nur zur Bestimmung des Stimmgewichts von Bürgerinnen unter 18 Jahren, sondern beispielsweise auch zur Bestimmung des Stimmgewichts von Bürgern im hohen Alter eingesetzt werden. Das Argument könnte sein, dass ältere Menschen von den Konsequenzen einer politischen Entscheidung nur teilweise betroffen sind, da sie in der näheren Zukunft nicht mehr leben werden. Ein Referendum könnte also ein reduziertes Stimmgewicht für die über 80-Jährigen vorschlagen. Wenn, sagen wir, 70 % dafür sind und 30 % es ablehnen, dann sollte das Stimmgewicht der Bürger über 80 Jahren 70 % betragen.

Eine andere mögliche Anwendung betrifft das Wahlrecht von Ausländern. In vielen Ländern haben sie kein Recht, an nationalen Wahlen teilzunehmen. Es lässt sich jedoch plausibel argumentieren, dass sie das volle Stimmrecht haben sollten, weil sie von den politischen Entscheidungen genauso betroffen sind wie die Inländer. Ein Referendum zu diesem Thema kann von x% unterstützt werden, sodass Ausländern ein Stimmgewicht von x% gegeben werden sollte.

Die Flexible Entscheidungsregel kann auch auf fixe Ausgabenvorschläge der politischen Exekutive angewendet werden. Wenn das Referendum eine Unterstützung von y% der Wählerschaft ergibt, sollten die entsprechenden Ausgaben auf y% reduziert werden. Dasselbe gilt für materielle Vorschläge der politischen Exekutive. Zum Beispiel könnten Regierung und Parlament eine Reduktion von T Tonnen CO_2 in den kommenden zehn Jahren vorschlagen. Wenn y Prozent der Wähler diesen Vorschlag wegen der positiven Auswirkungen auf das Klima unterstützen, während (1-y) Prozent ihn für zu kostspielig halten, sollte die Reduktion auf y Prozent von T reduziert werden. Die FER würde beide Überlegungen entsprechend ihrem Gewicht unter allen Wählenden berücksichtigen.

Wie diese Beispiele für Anwendungen der Flexiblen Entscheidungsregel andeuten, gibt es Raum für innovative Wege, die Meinung der Wähler zu erfragen. Im Gegensatz dazu ist die FER nicht gut auf Themen anwendbar, bei denen eine Gewichtung keinen Sinn ergibt. Das wäre unter anderem bei den grundlegenden Menschenrechten der Fall, die von ihrer Natur her so definiert sind, dass sie vollständig gelten müssen und Abstufungen keinen Sinn ergeben würden.

>><<

Die Flexible Entscheidungsregel hat verschiedene Vorteile gegenüber einer einfachen (oder qualifizierten) Mehrheitsregel, wie sie gegenwärtig von der Politik verwendet wird.

Ihr wichtigstes Merkmal ist, dass sie das relative Gewicht der verschiedenen Meinungen, die in einer Abstimmung zum Vorschein kommen, berücksichtigt, anstatt die (oft große) Minderheit völlig außer Acht zu lassen. Außerdem kann die Flexible Entscheidungsregel sowohl für allokative als auch für umverteilende Fragen verwendet werden.

Die Flexible Entscheidungsregel ist einfach zu verstehen und intuitiv akzeptabel. Bei der üblicherweise verwendeten einfachen Mehrheitsregel übt eine Stimme nur dann einen Einfluss auf das Ergebnis aus, wenn sie eine Minderheit in eine Mehrheit verwandelt. Diese Bedingung tritt höchst selten ein, besonders wenn sich viele Personen an der Abstimmung beteiligen und die zu erwartenden Stimmenanteile deutliche Mehrheiten vermuten lassen. Deshalb hat eine einzelne Stimme kaum ein Gewicht, wodurch die Stimmbeteiligung leidet; sie muss fast ausschließlich intrinsischen Anreizen im Sinne einer Bürgerverantwortung zugeschrieben werden. Die Flexible Entscheidungsregel erhöht hingegen den Anreiz der Stimmberechtigten, sich an Abstimmungen zu beteiligen, weil ihre Stimme immer einen Einfluss auf das Ergebnis hat. Dieser Anreiz ist besonders hoch, wenn sich nicht viele Personen an der Abstimmung beteiligen, unabhängig davon, welche Stimmverteilung erwartet wird.

Die Flexible Entscheidungsregel hat aber auch einige Nachteile, die beachtet werden müssen: Die FER ist nur anwendbar, wenn eine Frage sinnvollerweise flexibel formuliert werden kann. Dies ist bei grundsätzlichen Fragen zuweilen nicht der Fall.

Wie jede Entscheidungsregel unterliegt zudem auch die FER Anreizen zu strategischem Verhalten.[80] Im Fall der Flexiblen Entscheidungsregel ist es offensichtlich, dass derjenige, der eine Abstimmung vorschlägt, einen Anreiz hat, mehr zu fordern, weil er weiß, dass er sowieso nur y Prozent der vorgeschlagenen Geldmittel bekommt. Allerdings reagieren die Wähler und Wählerinnen sicherlich auf ein solches strategisches Verhalten und werden dazu veranlasst, ihre Unterstützung zu reduzieren. Je negativer die Abstimmenden beispielsweise auf einen Vorschlag zu höheren Ausgaben reagieren, desto geringer wird die vorgeschlagene Ausgabe sein.

Ein weiterer großer Nachteil der FER ist, dass es sich um ein neues Verfahren handelt, bei dem Wahrscheinlichkeiten eine Rolle spielen, ein Aspekt, den viele Wähler möglicherweise nicht mögen und aus Prinzip ablehnen (vgl. Kapitel 7). Diese grundsätzliche Ablehnung kann mit der Zeit überwunden werden, wenn die Wählerschaft zunehmend besser informiert ist und sich an die neue Entscheidungsregel gewöhnt.

>><<

Die Flexible Entscheidungsregel lässt sich, wie schon zu sehen war, auch auf viele politische Entscheidungen in repräsentativen Gremien wie Parlamenten oder Volksabstimmungen anwenden. Betrachten wir einmal einen Kreditvorschlag, eine Brücke zu errichten, die 100 Millionen Euro kosten soll. Nach den heutigen Prinzipien würde sie zu diesen Kosten errichtet, wenn mehr als 50 % der Stimmberechtigten zustimmen. Sind jedoch nur 49,9 % dafür, wird sie nicht gebaut. Das Flexible Entscheidungssystem erlaubt ein differenzierteres Vorgehen. Wenn zum Beispiel 45 % der Wahlberechtigten dem Brückenbau zustimmen, könnten 45 % des Kredits verwendet werden. Es kann somit eine einfachere Brücke errichtet werden, die nur 45 Millionen Euro kostet. Meist sind derartige Einsparungen durchaus möglich; die Brücke muss eben weniger aufwendig geplant und gebaut werden. Auf jeden Fall ist das Ergebnis für die Befürworter der Brücke besser, als wenn überhaupt keine Brücke gebaut wird.

Dagegen ließe sich einwenden, dass dann die Befürworter einer teuren Brücke vielleicht von Beginn an einfach die Zustimmung zu einem höheren Kredit verlangen. Wenn sie also den Kredit auf 230 Millionen Euro ansetzen, würden sie bei einer Zustimmung von 45 % etwas mehr als 100 Millionen zum Brückenbau erhalten. Dabei wird jedoch vergessen, dass die Zustimmung in aller Regel von der Höhe des verlangten Kredits abhängt. Je teurer ein Vorhaben, desto geringer ist die Zustimmung. Wenn also zum Beispiel nur noch 20 % dem Kredit von 230 Millionen Euro zustimmen, wird der bewilligte Betrag 20 % von 230 Millionen betragen, also nur 46 Millionen Euro.

An diesen Beispielen ist zu sehen, dass die Flexible Entscheidungsregel, wenn klug angewandt, gesellschaftliche Entscheidungen wesentlich verbessern kann. Dadurch, dass die bei jeder Entscheidung bestehenden unterschiedlichen Auffassungen berücksichtigt werden, gibt es nicht nur Gewinner und Verlierer, wie dies bei einer Mehrheitsabstimmung notwendigerweise der Fall sein muss. Vielmehr wird der Vielfalt von Meinungen in einer demokratischen Gesellschaft Rechnung getragen.

>>>> SIEBTES KAPITEL:

Qualifizierter Zufall als Entscheidungsverfahren in der Demokratie

In diesem Kapitel gehen wir über die uns gewohnte Entscheidungsbildung in der Demokratie mittels Abstimmungen hinaus und schlagen ein ganz anderes, ungewöhnlich scheinendes Verfahren für Entscheidungen vor, nämlich den *Zufall.* Politische Entscheidungen mittels Los zu treffen, erscheint auf den ersten Blick seltsam oder gar mit der Idee einer Demokratie unverträglich. Hier soll jedoch gezeigt werden: *Fokussierter Zufall* ist ein Verfahren, das für manche Fragen in einer Demokratie sinnvoll anzuwenden ist. Denn damit wird die für die Demokratie zentrale Idee der politischen Gleichheit der Bürger gestärkt.

>><<

Gesellschaftliche Entscheidungen lassen sich auf vielfältige Weise treffen. Häufig steht der Gegensatz zwischen dezentralem wirtschaftlichem Markt und zentralem politischem Plan im Vordergrund. Eine Dualität besteht auch zwischen *Markt und Abstimmung.* Der Markt gilt als »wirtschaftlicher«, die Abstimmung als »politischer« Mechanismus, um gesellschaftliche Entscheidungen durchzuführen. Heute ist gut erforscht, unter welchen Bedingungen das Preissystem oder direkte Volksabstimmungen zu einer effizienten Allokation der Ressourcen führen und unter welchen Bedingungen Markt und Abstimmung weniger gut funktionieren, was in der Literatur als »Marktversagen« und »Politikversagen« bezeichnet wird. Das Wort »Versagen« sollte allerdings nicht wörtlich verstanden werden, sondern es wird nur darauf hingewiesen, dass weder der Markt noch die Politik optimal funktionieren.

Aristoteles war der Ansicht, eine echte Demokratie könne nicht auf Abstimmungen beruhen. Vielmehr müsse eine zufällige oder aleatorische (von lateinisch alea: »Würfel«) Wahl gewährleisten, dass die privaten Interessen wichtiger Familien, Parteien und Interessengruppen in Schach gehalten werden.[81] *Aleatorische* Entscheidungsverfahren kommen gegenwärtig in der Politik nur sehr selten zur Anwendung. Zufallsentscheidungen weisen viele positive, aber wie bei jedem anderen gesellschaftlichen Entscheidungsverfahren auch negative Eigenschaften auf. Sowohl die Vorzüge als auch die Nachteile von Zufallsentscheidungen müssen mit denen anderer gesellschaftlicher Entscheidungsverfahren verglichen werden[82]. Das Wort »Zufall« wird hier im Sinne einer statistischen *Wahrscheinlichkeit* verwendet. Es hat somit nichts mit Willkür zu tun, sondern baut auf einer mathematischen Gesetzmäßigkeit auf. Bei einer Zufallsentscheidung wird bewusst der menschliche Einfluss zurückgedrängt.

>><<

Zufallsentscheidungen haben verschiedene *wichtige Vorzüge* gegenüber anderen Entscheidungsverfahren. So ermöglichen sie es, die zugrunde liegende Gesamtheit präzise wiederzugeben. Werden etwa aus einer Urne, in denen sich fünf rote, drei grüne und zwei weiße Kugeln befinden und damit die Grundgesamtheit repräsentieren, zufällig Kugeln gezogen, hat jede Kugel die gleiche Wahrscheinlichkeit ausgewählt zu werden. Zufallsprozesse verhindern eine systematische Diskriminierung, etwa nach Beruf oder Geschlecht. Die Bedeutung jeder derartigen Gruppe wird entsprechend ihrer Vertretung in der Grundgesamtheit abgebildet. Damit erhalten auch Bevölkerungsteile eine Chance, die im politischen Prozess ansonsten nicht berücksichtigt werden. Damit wird

Fairness gewährleistet. Es ist daher nicht erforderlich, spezielle Quoten einzuführen, zum Beispiel für den Anteil von Frauen.

Im Gegensatz dazu sind die heutigen Parlamente weit davon entfernt, die Wählerschaft zu repräsentieren. Vielmehr sind gut organisierte Interessen (z. B. die Agrarlobby) und bestimmte Berufe (z. B. Anwälte, Lehrer und andere Beamte) stark überrepräsentiert. Berufspolitiker mit ihren Sonderinteressen dominieren die Szene. Es kommt zur Ausbildung jener von den wahlberechtigten Bürgern losgelösten politischen Milieus, die von Gelehrten wie Hannah Arendt oder Hanna Fenichel Pitkin beschrieben wurden.

Zufallsverfahren eignen sich dazu, diese Tendenz bis zu einem gewissen Grad einzudämmen. Sie eignen sich dazu, den Einfluss organisierter Interessengruppen auf zu treffende Entscheidungen zu begrenzen. Da ein Zufallsprozess unabhängig von menschlichen Eingriffen ist, lohnt es sich weniger, Kosten für die Beeinflussung des Prozesses und des Ergebnisses aufzuwenden. Bei anderen gesellschaftlichen Entscheidungsverfahren hingegen, wie etwa demokratischen Wahlen oder Verhandlungen, spielen Werbung, Vetternwirtschaft oder gar Korruption eine wichtige Rolle.

Eigenschaften und Ansichten, die zum Zeitpunkt der Auswahl übersehen oder als zu unwichtig eingeschätzt wurden, werden automatisch entsprechend ihrer Bedeutung in der Grundgesamtheit repräsentiert. In dieser Hinsicht hat das Zufallsverfahren gegenüber der Festlegung von Quoten einen großen Vorteil. Quoten lassen sich nur bestimmen, wenn die entsprechenden Dimensionen (etwa Geschlecht, Bildung, Alter oder Nationalität) von vornherein als relevant gelten. Das Zufallsverfahren ermöglicht, bisher vernachlässigte Aspekte zu berücksichtigen, die zuvor unbekannt waren und deshalb nicht in den Quoten reflektiert sind.

Eine solche Zufallsauswahl fördert schließlich die Stabilität und Kontinuität einer Regierung, wenn in der Grundgesamtheit starke Gegensätze zwischen einigen wenigen Gruppen existieren. Jede dieser Gruppen sieht dann nämlich in der Zukunft eine Chance, Einfluss zu gewinnen, selbst wenn bisher die Gegenpartei dominierte. Dieser Aspekt spielte im klassischen Athen und in den norditalienischen Stadtstaaten des Mittelalters eine große Rolle. Ohne aleatorische Verfahren hingegen laufen einzelne Interessengruppen Gefahr, im etablierten politischen Prozess unterdrückt zu werden. Die Benachteiligten machen dann ihre Anliegen oft auf umstürzlerische Weise deutlich, was immer wieder zu politischen Unruhen und Bürgerkriegen geführt hat.

Aleatorische Verfahren weisen jedoch natürlich auch einige Nachteile auf. Zufallsverfahren unterscheiden nicht nach Fähigkeit und Qualifikation. Zufällig ausgewählte Personen können sich deshalb für die zugedachte Aufgabe als unfähig erweisen. Um das zu vermeiden, wurden Zufallsverfahren in der Vergangenheit meist mit zusätzlichen Verfahren kombiniert. Beispielsweise wird die *Grundgesamtheit*, aus der danach zufällig ausgewählt wird, auf Personen beschränkt, die vorher nach Fähigkeit ausgewählt wurden. Entsprechend wird von *fokussierten Zufallsverfahren* gesprochen.

Auch kann eine Zufallsauswahl das Verantwortungsgefühl beeinträchtigen, insbesondere deshalb, weil sich die Gewählten nicht um eine Wiederwahl am Ende der Wahlperiode kümmern müssen. Auch dieses Problem kann durch zusätzliche Verfahren vermindert werden, beispielsweise durch eine Vorauswahl von Personen, welche ihre Verantwortungsbereitschaft bereits anderweitig unter Beweis gestellt haben und bei denen die Wahrscheinlichkeit geringer ist, dass sie sich aus ihrer Verantwortung ziehen. Außerdem kann man sich darauf einigen, dass Gewählte sich für ihre Handlungen rechtfertigen müssen und bei illegalen oder unüberlegten Handlungen bestraft werden.

Zufällig ausgewählte Personen könnten sich zudem weigern, die vorgesehene politische Position einzunehmen oder die jeweilige Aktivität durchzuführen, beispielsweise wenn sie mit anderen Tätigkeiten ein höheres Einkommen erzielen könnten. Für diesen Fall gibt es mehrere Lösungsvorschläge: Erstens kann man eine entsprechende Bürgerpflicht vorsehen. In der Schweiz sind zum Beispiel in bestimmten Gemeinden alle Bürger und Bürgerinnen verpflichtet, staatliche Tätigkeiten zu übernehmen. Ein Zwang kann aber wiederum zu Unwilligkeit und nachlässiger Ausführung führen. Deshalb könnte man auch zweitens mehrere Zufallsverfahren hintereinander anwenden, so lange, bis genügend willige Personen gefunden wurden. Dieses Vorgehen hat jedoch den Nachteil, dass eine soziale Selektion stattfindet und nicht mehr alle Interessen in gleicher Weise berücksichtigt werden. Deshalb erscheint es am zweckmäßigsten, zufällig ausgewählte Repräsentanten finanziell so gut auszustatten, dass sie die Aufgabe gerne übernehmen.

>><<

In der Geschichte finden sich viele Anwendungen des Zufallsverfahrens.[83] Im klassischen Athen wurden die Abgeordneten des wichtigsten Entscheidungsgremiums durch das Los – oder eine Lotterie – aus den Bürgern der Stadt Athen ausgewählt (allerdings unter Ausschluss von Frauen und Sklaven). Auch im mittelalterlichen Venedig wurden politische Positionen in einem gemischten Verfahren aus Wahl und Los besetzt, andere italienische Stadtstaaten des Mittelalters wie Florenz, Parma und Bologna haben das Los ebenfalls zur Bestimmung ihrer Exekutive verwendet. Auch in Spanien und in der Schweiz kam das Verfahren zum Einsatz. In Bern wurde im 18. Jahrhundert der Stadtrat unter teilweiser Verwendung des Loses bestimmt. An der Universität Basel wurden im 18. Jahrhundert Lehrstühle per Los aus einer Liste von drei Kandidaten ausgewählt. In China spielten Losverfahren zur Zeit seiner größten wirtschaftlichen und politischen Macht vom 16. Jahrhundert bis ins 19. Jahrhundert eine wichtige Rolle.

Zufallsverfahren ließen sich auch in heutigen Demokratien sinnvoll anwenden.

Im politischen Bereich könnte eine der beiden Kammern des *Parlamentes* unter Verwendung eines Zufallsmechanismus ausgewählt werden – beispielsweise zur Bestellung des amerikanischen Repräsentantenhauses, des deutschen Bundestages oder des Schweizerischen Nationalrates. Die nach dem Zufallsprinzip ausgewählte Kammer sollte die gleichen Kompetenzen wie die herkömmlichen Kammern haben. Die verschiedenen Parlamentskammern müssen sich deshalb auf einen gemeinsamen Beschluss einigen. Denkbar ist auch eine zweite, aleatorisch zustande gekommene und gleichberechtigte Kammer des Europäischen Parlamentes. Sie könnte als »House of Lots« in Analogie zum britischen »House of Lords« bezeichnet werden.[84]

Bekanntlich ist der Einfluss von wirtschaftlichen Interessengruppen und der etablierten Parteiführung bei den herkömmlichen Wahlen außerordentlich hoch. Nur wer deren Unterstützung erhält, hat eine realistische Chance. Bei einer Zufallsauswahl aus der Grundgesamtheit aller Bürgerinnen und Bürger fällt diese Einflussnahme weg. Auch der Aufwand in Form von Zeit und Geld für unsinnige Werbeaktionen würde wesentlich zurückgehen.

Eine Zufallsauswahl ist auch für die *Exekutive* vorstellbar, wobei eine bestimmte formale Mindestqualifikation als Voraussetzung eingeführt werden müsste. Für die Zentralregierung könnte die Grundgesamtheit zum Beispiel aus Politikern der Gliedstaaten und Mitgliedern von Parlamenten zusammengesetzt sein. Auf dieser Grundlage könnte die Schweizerische Regierung, d. h. der aus sieben gleichrangigen Mitgliedern bestehende *Schweizerische Bundesrat,* zufällig aus den Mitgliedern des National- und des Ständerates ausgewählt werden. Damit ist über eine längere Zeitperiode betrachtet automatisch eine Vertretung entsprechend der Stärke der Parteien, Geschlechter, Religionen und Regionen in den Parlamenten gesichert.

Auch *internationale Organisationen* leiden unter einem fundamentalen Demokratiedefizit.[85] Dieses könnte reduziert werden, indem den Bürgern bindende politische Mitwirkungsmöglichkeiten gewährt und ihnen das Recht gegeben wird, Initiativen zu lancieren, in Referenden abzustimmen und Mitglieder der Exekutive abzuberufen. Das könnte zwar auch mittels Volksabstimmungen erreicht werden, jedoch ist dies wegen der großen Zahl der betroffenen Bürger schwierig. Eine zufällige Auswahl von Repräsentanten, welche die demokratischen Rechte ausüben, kann dieses Problem beheben. Das Demokratiedefizit und die mangelnde Effizienz könnten in Internationalen Organisationen so überwunden werden.

In der *Judikative* wird das Zufallsprinzip in einigen Ländern, vor allem in den Vereinigten Staaten und im Vereinigten Königreich, bei der Bestellung der Geschworenen verwendet. In den USA wird die Unparteilichkeit des Loses allerdings eingeschränkt, weil die Prozessbeteiligten Geschworene wegen angeblicher oder tatsächlicher Befangenheit ablehnen können. Die Bestellung von Juroren durch eine Lotterie blickt auf eine lange Tradition zurück. Bereits in der athenischen Demokratie wurden die Geschworenen durch Auslosungen bestimmt. Und auch im Anschluss an die erste Phase der Französischen Revolution wurde 1791 die Besetzung der Gerichte bei Strafprozessen durch den Zufall bestimmt. Laienrichter galten und gelten als bessere Tatsachenrichter, die wichtige Alltagserfahrungen mitbringen und sich im Urteil stärker als Berufsrichter an Fairnessnormen orientieren. Allerdings steht die Lotterie als Rekrutierungsverfahren für Geschworene trotzdem weltweit abgeschlagen an letzter Stelle, die meisten Geschworenen werden durch Verwaltungsbeamte ausgewählt.

Gegenwärtig spielen Expertengremien und Ethikräte eine wichtige Rolle. Die deutsche Bundesregierung und Ministerpräsidenten lassen sich direkt von ihnen beraten. Der Rat dieser Experten hat maßgeblichen Einfluss auf die Entscheidungen über weitreichende Politikmaßnahmen. Die heute bestehenden Expertenkommissionen sind jedoch in mehrfacher Hinsicht problematisch. Die Gremien sind nicht repräsentativ besetzt, sondern sie bestehen eben vor allem aus Experten verschiedener Fachrichtungen, während insbesondere Laien kaum vertreten sind. Zudem nimmt die Exekutive massiv Einfluss auf die Experten und deren Urteile.[86]

Diese Probleme lassen sich durch das Verfahren einer fokussierten mathematischen Zufallsauswahl lösen. Dabei werden die Mitglieder der Expertenkommissionen und Ethikräte zufällig aus einer geeigneten Grundgesamtheit per Lotterie ausgewählt. Ein Kriterium für die Grundgesamtheit könnte sein, dass die Vertreter der Legislative die Grundgesamtheit für das Losverfahren bestimmen. Jeder Parlamentarier darf einen Kandidaten benennen. Die Namen der Mitglieder der Grundgesamtheit werden in eine Urne gegeben. Daraus wird dann nach dem fokussierten Zufallsprinzip die für ein Gremium notwendige Anzahl Namen gezogen. Die Größe der Expertenkommissionen orientiert sich dabei an der heutigen Größe. Wer aus irgendwelchen Gründen nicht in die Gremien möchte, kann – wie bisher auch ablehnen. Dann wird einfach ein neuer Name aus der Urne gezogen. Die Experten und Ethikräte werden, wie heute, für eine bestimmte Zeit gewählt. Um zu verhindern, dass Experten, die nicht den Regierungskurs unterstützen, abberufen werden, sollten die ausgewählten Mitglieder unkündbar sein. Der Rat des Expertengremiums sollte außerdem regelmäßig veröffentlicht werden, um einer, wie aktuell, völlig intransparenten Entscheidungsfindung entgegenzuwirken.

Die Vorteile von Zufallsverfahren in der politischen Entscheidungsfindung sollten wieder ins Gedächtnis gerufen werden, nachdem sie beinahe in Vergessenheit geraten sind. Das wichtigste Merkmal solcher Zufallsverfahren ist, dass Personengruppen im politischen Entscheidungsprozess vertreten sind, deren repräsentative Vertretung sonst mit viel

Aufwand hergestellt werden muss. So würde es unnötig, eine Frauenquote einzuführen. Die Repräsentativität gilt auch für Ideen und Strömungen, besonders wenn diese politisch noch neu sind und sich noch nicht in Parteiprogrammen niedergeschlagen haben. Damit wird die für die gesellschaftliche Dynamik nötige Vielfalt von Ideen gewährleistet. Der Zufallsmechanismus vermindert überdies bestehende Gegensätze in der Gesellschaft: Keine Gruppe wird über längere Zeit von der Entscheidungsbildung ausgeschlossen. Und schlussendlich reduziert der Zufallsmechanismus auch die Möglichkeiten von Vetternwirtschaft und Korruption sowie die heute enormen Aufwendungen für demokratische Wahlkämpfe.

Entscheidungen mittels Zufalls werden vermutlich von einer wenig informierten Bevölkerung als »irrational« oder »arbiträr« angesehen und deshalb als illegitim betrachtet. Aus diesem Grund sollte man Zufallsentscheidungen nicht beliebig einsetzen, sondern nur dort, wo eine sorgfältige Abwägung des Für und Wider vorgenommen wurde und die Bevölkerung dem Verfahren zustimmt. Politische Entscheidungen können nicht allein mittels Zufallsverfahren gefällt werden. Vielmehr müssen diese in geeignete Institutionen eingebettet und mit anderen Verfahren kombiniert werden. Dann sind sie bestens geeignet, der heute in vielen Kreisen herrschenden Demokratiemüdigkeit entgegenzuwirken.

>>>> ACHTES KAPITEL:

Bedrohung der Demokratie von außen: Beispiel Terrorismus

Die drei in den vorstehenden Kapiteln vorgeschlagenen Ideen zur Gestaltung einer Demokratie der Zukunft schlagen neue institutionelle (oder konstitutionelle) Veränderungen vor. Dieses Kapitel befasst sich hingegen mit einer schwerwiegenden *Bedrohung* einer künftigen Demokratie von außen durch terroristische Angriffe. Terror kann eine Demokratie fundamental in Frage stellen, weil die Bürgerinnen und Bürger in der Regel zur Abwehr ein rasches und energisches Vorgehen fordern. Damit ist der Weg zu einer autoritären oder gar diktatorischen Politik geebnet. Mit dem hier entwickelten Vorschlag soll gezeigt werden, dass eine solche Reaktion vermieden werden kann, wenn *polyzentrische Strukturen* aufrechterhalten und verstärkt werden.

Eine auf roher Gewalt beruhende Reaktion auf terroristische Angriffe ist nicht die einzige Anti-Terrorismus-Politik. Abschreckungspolitik ist weit verbreitet und wird oft für die einzig mögliche und vernünftige Reaktion gehalten. Es ist jedoch nicht ratsam, sich ausschließlich auf die Abschreckungspolitik zu verlassen, da sie häufig nicht effektiv und mit sehr hohen Kosten für alle beteiligten Parteien verbunden ist. Und sie kann sogar kontraproduktiv sein, da sie dem Terrorismus tendenziell ständig neues Leben einhaucht.

>><<

Im Folgenden wird eine alternative Anti-Terror-Politik vorgeschlagen, deren Grundlage nicht Gewalt ist.[87] Die entsprechenden Maßnahmen sind vielmehr »positiv«. Sie zielen darauf ab, die Wirkung terroristischer Aktivitäten durch strukturelle Vorkehrungen zu reduzieren.

Die vorgeschlagene Anti-Terrorismus-Politik betont den Vorteil *polyzentrischer wirtschaftlicher, politischer und sozialer Strukturen.* Denn eine dezentralisierte Gesellschaft ist weniger anfällig für terroristische Angriffe. Diese Politik stützt sich auf die grundlegenden Institutionen der Gesellschaft und bezieht verfassungsrechtliche Regelungen mit ein. Dazu gehört insbesondere die Gewaltenteilung, die sich durch eine dezentrale oder polyzentrale politische Organisation des Gemeinwesens ergibt.

Ein System, das aus vielen verschiedenen Zentren besteht, ist aufgrund seiner Vielfalt stabiler, da sich die Teile gegenseitig ersetzen können. Wenn ein Teil des Systems negativ beeinflusst wird – wie eben durch einen terroristischen Angriff –, können mehrere andere Teile einspringen. Polyzentralität reduziert so wirksam Risiko und Unsicherheit. Sie folgt dem alten Sprichwort, dass es klug ist, »nicht alle Eier in einen Korb zu legen«.

Diese grundlegende Erkenntnis aus dem Bereich der Soziobiologie gilt auch für den Terrorismus. Die Verwundbarkeit eines Ziels ist in einer Gesellschaft, die aus vielen Zentren besteht, weniger gegeben als in einer zentralisierten Gesellschaft. Je mehr Machtzentren es in einem Land gibt, desto weniger sind Terroristen in der Lage, ihm durch einen einzigen Angriff zu schaden. In einem dezentralisierten System wissen Terroristen nicht, wo sie zuschlagen sollen, weil ihnen bewusst ist, dass jeder Teil den anderen ersetzen kann, sodass ein Angriff vermutlich nicht viel erreichen wird. Polyzentralität vermindert damit sowohl die Wahrscheinlichkeit, dass Terroristen überhaupt einen Anschlag verüben, als auch den Schaden, der im Falle eines Angriffs entsteht. Aus diesen beiden Gründen haben Terroristen einen geringeren Anreiz, dezentralisierte Gesellschaften anzugreifen. Dies gilt selbst für Cyber-Attacken. Wenn die gesamte digitale Aktivität eines Landes an einem (virtuellen) Ort konzentriert ist, lohnt sich ein Angriff mehr, als wenn diese über verschiedene, voneinander unabhängige Orte abläuft. Damit lohnt es sich für Terroristen auch eher, ein konzentriertes digitales Netz anzugreifen. Auch auf diesem Gebiet ist also ein dezentraler Aufbau sinnvoll.

Eine zentrale Machtkonzentration ist hingegen ein ideales Ziel für Terroristen und ist stärker gefährdet, angegriffen zu werden. Und wenn das Zentrum getroffen wird, bricht auch die gesamte Entscheidungsstruktur zusammen und das Chaos wird gefördert – auf Kosten aller. Hinzu kommen laufend hohe Kosten für die Abwehr möglicher Angriffe. Sie binden nicht nur menschliche und materielle Ressourcen, sondern fördern in den Köpfen der Zentralmacht auch eine Bunkermentalität. Die Politiker und Bürokraten werden in die Isolation getrieben, unterliegen einem »Gruppendenken« und verlieren den Kontakt zum Volk. Dadurch entsteht eine Kluft zwischen der Zentralgewalt und dem Volk, was für beide negative Auswirkungen hat. Insbesondere missachtet die Regierung die Wünsche des Volkes, da sie Angst hat, die (vermeintliche) Sicherheit des Bunkers zu verlassen.

>><<

Die Anfälligkeit zentralisierter und dezentralisierter Systeme gegenüber Terrorismus unterscheidet sich stark. Dieser Unterschied lässt sich an einem Beispiel verdeutlichen:

Der Angriff auf die Twin Towers von New York am 11. September 2001 stellt, wenn man es etwas makaber ausdrückt, einen Triumph für den Markt dar, auch wenn er selten in dieser Form gesehen wird. Obwohl es sich um einen der schwersten Terroranschläge in der Geschichte der Menschheit handelt, war das Wirtschaftssystem als Ganzes kaum betroffen. Dies lag an der dezentralen Marktwirtschaft der Vereinigten Staaten, denn die vielen anderen Zentren wirtschaftlicher Aktivität neben New York, zum Beispiel

Chicago, Los Angeles, Seattle oder Boston, waren in keiner Weise direkt betroffen. Sie funktionierten ohne Probleme weiter. Ein unterschiedlich geschätzter Schaden von 10, 20 oder gar 50 Milliarden Dollar durch diesen Terroranschlag ist klein im Vergleich zum Sozialprodukt der Vereinigten Staaten von rund 14 500 Milliarden Dollar. Selbst in Manhattan verlief die Erholung bemerkenswert schnell; die meisten Teile der Finanzwelt waren schon wenige Tage oder sogar Stunden nach dem Angriff wieder arbeitsfähig.

Das heißt natürlich nicht, dass es keine menschlichen oder materiellen Verluste gab. Entscheidend ist jedoch, dass selbst dieser furchtbare Schlag nicht in der Lage war, die dezentralisierte amerikanische Wirtschaft ernsthaft zu schädigen. Viele der entstandenen hohen Kosten waren vielmehr das Ergebnis der politischen Reaktion auf den Angriff (wie z. B. das Grounding des gesamten zivilen Flugverkehrs und die Schließung der Wall Street Börse) und nicht das Ergebnis des Angriffs selbst. So gesehen war der Angriff auf wirtschaftlicher Ebene keineswegs ein Sieg der Terroristen, sondern zeigte andersherum die Stärke der dezentralisierten Marktwirtschaft.

>><<

Dieses so schreckliche Beispiel zeigt, dass die Polyzentralität in der Wirtschaft, im Gemeinwesen und in anderen Bereichen der Gesellschaft bei der Wirkungsminimierung terroristischer Angriffe von großer Bedeutung ist.

Eine *Marktwirtschaft* basiert von Natur aus auf einer extremen Form der Dezentralisierung von Entscheidungen und deren Umsetzung. In der Tat brechen die Vorteile des Marktes zur effizienten Allokation von Ressourcen zusammen, wenn er von Oligopolen oder Monopolen dominiert wird. Unter Wettbewerbsbedingungen sind die Anbieter in der Lage, ihr Angebot weitgehend zu substituieren. Selbst wenn einer der Anbieter durch einen Terroranschlag vernichtet werden würde, sind die anderen Anbieter in der Lage, die

Lücke rasch zu füllen. Sie haben einen Anreiz, einzuspringen, weshalb keine staatlichen Pläne für Substitution erforderlich sind. Allerdings unterliegen die meisten Wirtschaftssektoren nicht einem vollständigen Wettbewerb, insbesondere weil die Konsumentinnen und Konsumenten nicht über genügend Information über die verschiedenen Angebote verfügen oder unwillig sind, den jeweiligen Anbieter zu wechseln. Solange jedoch ein gewisses Maß an Wettbewerb besteht, können immer tatsächliche oder potenzielle Anbieter einspringen. Daraus folgt: Je mehr eine Wirtschaft nach marktwirtschaftlichen Prinzipien funktioniert, desto weniger anfällig ist sie für terroristische Angriffe.

Auch bei traditionell monopolistischen und oligopolistischen Wirtschaftszweigen würde eine Dezentralisierung dazu beitragen, den Schaden durch Terroranschläge zu verringern. Netzwerkindustrien, wie z. B. für Wasser, Strom oder Transport, sind weniger anfällig, wenn Untereinheiten unabhängig voneinander arbeiten können.

Eine wirksame Anti-Terror-Politik sollte deshalb wirtschaftliche Dezentralisierung und wettbewerbsfähige Strukturen unterstützen, da dies die Verwundbarkeit des Landes stark vermindert. Außerdem hat eine derartige Politik auch andere attraktive Eigenschaften: Sie stärkt die Demokratie und den Liberalismus.

Bei der *Dezentralisierung der politischen Macht*, oder Polyarchie, wird Autorität auf eine Reihe verschiedener politischer Akteure verteilt. Am wichtigsten ist die klassische, und häufig schon existierende, Gewaltenteilung zwischen Regierung, Parlament und Gerichten. Außerdem müssen die Medien dezentralisiert sein, damit ein Terroranschlag den Informationsfluss nicht kontrollieren kann. Es ist kein Zufall, dass Terroristen, die einen Staatsstreich unternehmen, zuerst versuchen, die Kontrolle über den staatlichen TV-Sender zu erlangen. Wenn es jedoch mehrere TV-Sender an verschiedenen Orten gibt, ist dieser Versuch höchstwahrscheinlich zum Scheitern verurteilt. Auch die öffentliche Verwaltung sollte zumindest über ein gewisses Maß an Unabhängigkeit verfügen, da sie in der Lage sein muss, bei einer drohenden terroristischen Gefahr zu handeln. Dies gilt insbesondere für die Polizei, den Geheimdienst und das Militär. Die öffentliche Bürokratie ist weniger durch Terrorismus gefährdet, wenn sie selbst dezentralisiert ist.

Eine zentralisierte Organisation lädt hingegen zu Anschlägen durch Terroristen ein, zum Teil wegen ihrer Funktionen, zum Teil aber auch wegen ihres symbolischen Wertes. Die derzeit geplante Konzentration der Bürokratie der Europäischen Union auf einen Ort in Brüssel wirkt daher kontraproduktiv auf die Sicherheit, denn ein solches Gebäude ist ein besonders attraktives Ziel für Terroristen. Zwar mag das Eindringen in das Gebäude weniger aufwendig zu kontrollieren sein, als wenn die Büros weit verstreut wären, doch ein tatsächlicher oder auch nur vermuteter Terroranschlag verursacht enorme Kosten. Wird zum Beispiel vermutet, dass Terroristen eine Bombe im Gebäude platziert haben, kommt die gesamte Arbeit zum Erliegen, weil alle Mitarbeiter evakuiert werden müssen. Auch hier fallen also die Kosten für eine Vorbeugung terroristischer Bedrohungen hoch aus, wenn die öffentliche Verwaltung zentralisiert ist.

In vielen Ländern genießen auch andere öffentliche Akteure erhebliche Unabhängigkeit. Das prominenteste Beispiel sind die Zentralbanken. Wenn eine Zentralbank dezentralisiert ist, wird sie durch Terrorangriffe weniger stark getroffen. So setzt sich die amerikanische Federal Reserve aus mehreren Teilen zusammen, die sich in verschiedenen Städten befinden. Das Gleiche gilt für die Schweizerische Nationalbank, die ihre Standbeine zugleich in Bern und Zürich hat.

Politische Macht kann auch zwischen verschiedenen Regierungsebenen aufgeteilt werden. In föderalen Ländern gibt es die Bundes-, Landes-, Provinzial-, Kantonal- und Gemeindeebene. In einigen Ländern gibt es überdies eine vierte, regionale Ebene zwischen Gemeinden und Provinzen. Man kann noch einen Schritt weiter gehen, indem man funktionalen, sich überschneidenden und konkurrierenden Gerichtsbarkeiten (FOCJ, vgl. Kapitel 5) weitreichende Autonomie einräumt. Wenn sich jede von ihnen über ein anderes Gebiet erstreckt und von einem unabhängigen politischen Gremium regiert wird, ist dieses System weitgehend gegen terroristische Angriffe immun. Solche Jurisdiktionen verfolgen zwar im Normalfall andere, den Terrorismus nicht betreffende Zwecke, ihre Konstruktion unterstützt jedoch eine wirksame Anti-Terrorismus-Politik.

Verschiedene Formen von gesellschaftlichen Gruppierungen können mehr oder weniger zentralisiert sein. Es gibt viele Körperschaften, wie NGOs (Nichtregierungsorganisationen), Vereine und Unternehmen, die dezentral aufgebaut sind. Netzwerke zwischen Firmen ohne jede hierarchische Struktur haben zunehmend an Bedeutung gewonnen. Wie das Beispiel Linux zeigt, sind dezentralisierte Open-Source-Systeme genauso effizient, wenn nicht sogar effizienter, als die Produktion der gleichen Art von Software in einer hierarchischen Firma wie Microsoft.

In einer Gesellschaft sollten viele verschiedene Entscheidungssysteme nebeneinander bestehen. In einem diktatorischen Regime wird fast alles vom Herrscher diktiert, was es besonders anfällig für Angriffe von innen und außen macht. Im Gegensatz dazu zeichnet sich eine liberale Gesellschaft durch die Koexistenz vieler verschiedener Entscheidungssysteme aus: Markt, Demokratie, Verhandlung, Bürokratie, Tradition und Zufall. Eine solche Vielfalt stärkt die Stabilität im Falle eines terroristischen Angriffs.

Eine Studie, die von der Weltbank für einen kombinierten Querschnitt und Zeitreihen von 161 Ländern über den Zeitraum von 1960 bis 1999 durchgeführt wurde, weist darauf hin, dass Dezentralisierung dazu beiträgt, interne Gewalt zu verhindern.[88] Dezentralisierte Gesellschaften haben ein deutlich geringeres Risiko, kriegsähnliche interne Konflikte zu erleben als solche, die relativ homogen und zentralisiert sind. Schließlich sind die Einheiten besser in der Lage, zu reagieren und sich zu reorganisieren, falls es zu einem Terroranschlag kommt.

>><<

Wenn ein Land mit Terrorismus konfrontiert ist, ist die Versuchung groß, Entscheidungsbefugnisse zu zentralisieren. Die Vorteile der Dezentralisierung werden dann außer Acht gelassen. Ein Beispiel dafür sind die Vereinigten Staaten. Die amerikanische Zusammenlegung verschiedener Behörden zum neuen Department of Homeland Security mit 169.000 Mitarbeitern ist in dieser Hinsicht ein Schritt in die falsche Richtung. Jede terroristische Gruppe, die in der Lage ist, dieses Ministerium anzugreifen, sei es durch den Einsatz von Waffen (einschließlich biologischer und chemischer Kampfstoffe) oder durch Eingriffe in sein elektronisches System, kann erheblichen Schaden anrichten.

Warum kommt es überhaupt zu einer solchen zentralisierenden politischen Reaktion, obwohl sie möglicherweise kontraproduktiv ist? Zwei Gründe sind dafür anzuführen:

Im Falle eines drohenden oder tatsächlichen Terroranschlags erwartet die Bevölkerung von der Regierung, schnell und energisch zu handeln. Ein »starkes zentrales Kommando« scheint auf kurze Sicht eine effektive Politik gegen die Terroristen zu sein. Im Gegensatz dazu braucht eine dezentralisierende Politik länger, um wirksam zu werden. Die Wähler werden die positiven Effekte der Dezentralisierung – die geringere Verwundbarkeit – eher nicht auf das Handeln der Regierung zurückführen. Sie nehmen bestenfalls wahr, dass es eine geringere Zahl und weniger gefährliche Terroranschläge gibt als anderswo. Regierungspolitiker und öffentliche Bürokraten nutzen außerdem zweitens die besondere Situation, die durch terroristische Bedrohungen entsteht, um ihre eigenen Kompetenzen zu erweitern. Die Verfügungsgewalt über größere Budgets und mehr Ressourcen steigert ihre Bedeutung in der Gesellschaft.

Eine polyzentrische Politik ist daher als Reaktion auf Terrorismus nicht einfach zu erreichen. Sie ist eine langfristige Strategie und hat die besten Chancen, umgesetzt zu werden, wenn die terroristische Gefahr nicht unmittelbar bevorsteht. Sie kann nicht allein einer Regierung überlassen werden, die auf kurzfristige Wahlerfolge angewiesen ist. Langfristige Anti-Terror-Politik durch Dezentralisierung muss in der Verfassung eines Landes verankert sein. Die politischen Akteure – Parlament, Regierung, öffentliche Bürokratie und Gerichte – müssen die Aufgabe erhalten, die bestehenden polyzentrischen Strukturen zu gewährleisten und, wo immer möglich, auszubauen.

Dezentralisierte wirtschaftliche, politische und andere soziale Strukturen haben also, noch einmal zusammengefasst, drei wichtige positive Effekte im Hinblick auf terroristische Bedrohungen. Erstens ist das Ziel für Terroristen weniger attraktiv. Zweitens sind die Einheiten besser in der Lage, ihre Probleme zu lösen. Dadurch wird es, drittens, unwahrscheinlicher, dass es überhaupt zu einer terroristischen Bedrohung kommt. Dies sind wichtige Gründe, warum sich liberale Demokratien als bemerkenswert widerstandsfähig gegenüber Terrorismus erwiesen. Eine stärkere Zentralisierung von politischen Gemeinwesen würde diesen Vorteil beseitigen.

>>>> SCHLUSSWORT & AUSBLICK:

Aus der Zeit gefallen?

Wir haben unsere professionellen Deformationen gleich am Anfang dieses Buches offengelegt: Während der Historiker gar nicht anders kann, als die demokratische Wirklichkeit unserer Zeit an der Vergangenheit zu spiegeln, neigt der politische Ökonom dazu, die historisch gewachsene Demokratie durch eine rationalistische Brille zu betrachten. Im Vorwort haben wir begründet, weshalb wir die aus der Historisierungswut des Historikers und der Rationalisierungsmanie des Ökonomen entstehende Dialektik dennoch positiv sehen. Ob sie bei unserem Unterfangen letztendlich produktiv gewirkt hat, müssen Sie als Leserinnen und Leser dieses Buches selbst entscheiden.

Wir für unseren Teil finden, dass die meisten Werke über die Demokratie entweder zu geschichtslastig sind oder, was ungleich häufiger vorkommt, ihren Gegenstand aus einer ahistorischen Perspektive behandeln. Solche Einseitigkeit hat natürlich auch Vorteile. So erlaubt sie wohl ein stringenteres und eleganteres Narrativ, als wir es hier bieten. Dafür produziert unser Ansatz eine Reibung, die neue Erkenntnisse ermöglicht und – was unseres Erachtens noch wichtiger ist – neue Fragen aufwirft.

Wir plädieren für den Ausbau der repräsentativen Demokratie in Richtung einer partizipatorischen, und zwar vor allem durch die Instrumente Dezentralisierung und Referendum. Pointiert formuliert: Während aus unserer Sicht Epistokraten die Demokratie einhegen wollen, befürworten wir eine stärkere Kontrolle von Parlament und Regierung durch die Bürgerinnen und Bürger. Die Behauptung, direkte

Formen der Demokratie hätten sich angesichts der Herausforderungen des 21. Jahrhunderts überlebt, halten wir – genauso wie das Ideal der absoluten und unteilbaren Volksherrschaft – für einen gefährlichen Mythos.

Drei Problemkreise ergeben sich aus unserer Analyse und drängen sich für die weitere Diskussion besonders auf.

Der erste bezieht sich auf das, was man den *Modus der politischen Entscheidungsfindung* nennen könnte. Hier stellten wir zur Diskussion, ob das heute dominante System der reinen parlamentarischen Vertretung den Ansprüchen eines demokratischen Gemeinwesens überhaupt gerecht wird. Wir gelangten zu dem Schluss, dass der in der angelsächsischen Diskussion zumeist verwendete Begriff des repräsentativen *Regierens* (*representative government*) die Wirklichkeit präziser beschreibt als die im deutschen Sprachraum vorherrschende Bezeichnung der repräsentativen *Demokratie*. Handelt es sich hier doch um ein Regierungssystem, in dem die politische Macht einem bestimmten Milieu vorbehalten bleibt. Akademisch zertifizierte Berufspolitiker dominieren alle westlichen Parlamente, wobei in manchen, einschließlich des deutschen Bundestags, der Anteil staatlich besoldeter Abgeordneter sehr hoch ist. Wir haben uns deshalb die Frage gestellt, ob wir es hier nicht mit einer neu aufgelegten Aristokratisierung der Politik zu tun haben – ähnlich wie im 19. Jahrhundert, als François Guizot und andere in Europa die politische Vorherrschaft des gehobenen Bürgertums als Voraussetzung von Fortschritt schlechthin begriffen.

Damit brachten sie eine epistokratische Grundhaltung zum Ausdruck. Epistokraten orientieren sich an einem anderen Vernunftbegriff als Demokraten. Für sie erschließt sich Wahrheit vornehmlich über eine an abstrakten Normen orientierte Deduktion. Damit verweisen sie die Wahrheit in eine außerhalb von Politik und sozialer Erfahrung liegende Sphäre – eine Sphäre, die sich dem Streit der Ideen und Werte entzieht. Auch sind sie davon überzeugt, dank ihrer Bildung und ihrer angeblich zeitgemäßen Grundhaltung einen privilegierten Zugang zur Wahrheit zu besitzen. Dabei übersteigt ihr Machtanspruch das Maß, das sich in einer demokratischen, auf Gewaltenteilung gründenden Gesellschaft legitimerweise realisieren lässt.

Wir erleben heute ein Revival dieser epistokratischen Kultur. Etwa an den Akademien, an denen manche Sozialwissenschaftler der liberalen Mehrheitsdemokratie ein schlechtes Zeugnis ausgestellt haben. Die Normaldemokratie sei aufgrund ihrer Defizite unfähig, Tugendhaftes zu leisten. Sie sei nicht in der Lage, nachhaltig fortschrittlich zu wirken. Der heute wohl bekannteste Vertreter dieser Position ist der US-Philosoph Jason Brennan. In seinem Bestseller *Against Democracy* schreibt Brennan, die Demokratie sei ungerecht. Denn sie verschaffe inkompetenten Bürgern ein politisches Mandat, das ihnen aufgrund ihres bescheidenen Wissensstandes nicht zustehe. Als Lösung offeriert Brennan ein altes Rezept – ein nach sozialen Klassen abgestuftes Wahlrecht, das politische Mitbestimmung faktisch an formale Bildung und Besitz knüpft. Neu daran ist lediglich das verlangte Prüfungsverfahren. Mit seinem *voter qualification exam* fordert Brennan eine Art politische Fahrprüfung für Bürgerinnen und Bürger.[89]

Als weitaus wirkungsvoller als diese professoralen Voten für die epistokratische Kultur erweist sich jedoch ihre Verbreitung durch supranationale Organisationen und Regelwerke. So setzt die EU bekanntlich deutlich mehr Vertrauen in ein Triumvirat von Technokraten, Richtern und Kommissaren als in gewählte Politiker oder stimmberechtigte Bürger. Als stille Inspiration wirkt das epistokratische Denken außerdem im Bereich vieler globaler Verlautbarungen, Abkommen und Verträge. Von ihren Befürwortern werden solche Abkommen oft als Teil eines »soft law« beschrieben, dessen Ziel es sei, die globale Gerechtigkeit zu fördern. Insgesamt stärken sie damit jedoch ein Narrativ, das dazu beiträgt, den Spielraum für demokratische Entscheidungsfindung immer mehr zu verkleinern.

Was im Eifer zeitgenössischer Tugendgefechte meist übersehen wird, ist die geistige Verwandtschaft, die Epistokraten und Populisten miteinander verbindet. So glauben beide daran, einen privilegierten Zugang zur Wahrheit zu besitzen. Auch bedienen sich beide komplexitätsreduzierender Tricks. Während stramme Populisten ein angeblich unfehlbares Volk zur Quelle der Wahrheit verklären, gehört die Wahrheit für Epistokraten in eine mit Universitätszertifikaten ausgestattete Elite. Diese geistige Verwandtschaft zeigt sich auch in der politischen Rhethorik. Wenn Epistokraten nach mehr globalen Regeln rufen, ernten sie von Populisten den Vorwurf, ihr Land aus Gewinnmotiven zu verkaufen. Wenn Bürger die Politik offener Grenzen kritisieren, werden sie von Epistokraten als unaufgeklärte Gesellen diffamiert. Auf die geistige Verwandtschaft von Epistokraten und Populisten hat vor Kurzem auch die Historikerin Sophia Rosenfeld hingewiesen: »Letzlich«, so folgert sie, »imitieren in der Wolle gefärbte Populisten und Technokraten einander. Beide sind strikt gegen intermediäre Körperschaften und prozedurale Legitimität. Vor allem aber lehnen sie beide die Vorstellung ab, wonach sich Wahrheit in der Politik nur über die Konkurrenz der Ideen bestimmen lässt.«[90]

Die Kritik an der Epistokratisierung der Demokratie nach dem Ideal der Herrschaft der Wissenden scheint uns vor allem deshalb berechtigt, weil es in der Politik stets auch um Werte geht. Dass es Experten gibt, die auf politisch relevanten Gebieten Wichtiges zu sagen haben, ist unbestreitbar. Was sich dagegen bestreiten lässt, ist die in der westlichen Wissensgesellschaft einflussreiche Meinung, Politik habe wissenschaftlich-objektivierbaren Gesetzmäßigkeiten zu folgen, weshalb sie am besten zur Chefsache, sprich: zur Angelegenheit von Berufspolitikern und Experten zu erklären sei. Sogar ein dem epistokratischen Denken nicht abgeneigter Philosoph wie Alexander Bogner konzediert, dass die klare Trennung »zwischen Wissens- und Wertfragen« im Bereich der Politik unhaltbar ist.[91] Auch was die angeblich überlegene

Fähigkeit der Bildungselite zu objektiver Vernunft betrifft, scheinen Zweifel angebracht. So wiesen Kahneman, Sibony und Sunstein vor Kurzem nach, dass die Schuldsprüche erfahrener Richter für das genau gleiche Vergehen und bei gleichen Information oft stark voneinander abweichen. Je nachdem, welcher Richter entschied, konnte sich das Strafmaß für dieselbe Tat auf eine Zeitspanne von sechs Monaten bis zu fünf Jahren erstrecken.[92]

Wir schlagen vor, dieser Aristokratisierung der modernen Politik mit bestimmten Instrumenten – beispielsweise einer qualifizierten Zufallswahl, wie sie hier vorgestellt wurde – die Spitze zu brechen. Zum Problemkreis der politischen Entscheidungsfindung gehört außerdem die Frage der Inklusion von Stimmberechtigten, die bislang nicht über das aktive Wahlrecht verfügen, wie z. B. Menschen unter 16 Jahren. Ganz grundsätzlich betrachten wir hier also aus mehreren Blickwinkeln die Frage, wie die Demokratie für die Gegenwart fit gemacht werden könnte.

>><<

Der zweite Problemkreis, den wir zur Diskussion stellen, betrifft den *Ort der Demokratie.* Der Begriff des Ortes bezieht sich hier auf den Rahmen, in dem demokratische Entscheidungen sinnvollerweise stattfinden sollten. Unsere Antwort ist einfach: Sie sollten dort stattfinden, wo politische Fragen die konkrete Lebenswelt der Menschen berühren; also dort, wo sie von den Bürgern als relevant und die zu ihrer Lösung vorgesehenen demokratischen Institutionen als legitim betrachtet werden. Hier ist unter anderem infragezustellen, ob der Nationalstaat heute, im Zeitalter der Globalisierung, noch der richtige Bezugsrahmen für demokratische Entscheidungen ist – eine Frage, die oft verneint wird.

Die Europäische Union ist unserer Ansicht nach in ihrer jetzigen Ausprägung kein Vorbild einer funktionierenden

Demokratie. Zum einen verunmöglicht die technokratische und zentralistische Architektur der EU die direkte Partizipation der Bürger weitgehend. Zum anderen fehlen dem Parlament in Straßburg die Möglichkeit und der Wille, mehr zu sein als ein Lobby-Verein für die europäische Integration. Noch weniger ermutigend ist der Umgang der EU-Kommission mit demokratisch legitimierter Kritik an den europäischen Verträgen: Entscheidet sich ein EU-Mitglied in einem Referendum gegen einen europäischen Vertrag (was mit der Ausnahme von Deutschland überall möglich ist), wird der Entscheid entweder ignoriert (siehe den von Frankreich und den Niederlanden 2005 abgelehnten Vertrag über eine Verfassung von Europa) oder es wird so lange abgestimmt, bis das Ergebnis der Kommission genehm ist (siehe die 2008 erfolgte Ablehnung der Ratifizierung des Lissabonner Vertrags durch die irischen Stimmbürger). Wir kommen deshalb zu einem ähnlichen Schluss, wie ihn liberale Intellektuelle wie Ralf Dahrendorf oder Tony Judt schon vor Jahrzehnten zogen: Die Architektur der EU kommt einem Misstrauensantrag gegenüber dem Urteilsvermögen der europäischen Bürger gleich. Tony Judts historischer Vergleich mit dem aufgeklärten Absolutismus war jedenfalls schon Mitte der 1990er Jahre keineswegs polemisch gemeint:

> »Sowohl für seine Bewunderer als auch für viele Politiker und Geschäftsleute in den wohlhabenden Regionen West- und Zentraleuropas ist ›die Union‹ der jüngste Erbe jenes aufgeklärten Despotismus, der die letzte große Reformära vor dem Aufstieg der Nationalstaaten prägte. Denn was ist ›Brüssel‹ anderes als der erneute Versuch, dem Ideal einer effizienten universalen Verwaltung, befreit vom Partikularismus, angetrieben nur von rationaler Kalkulation und der Herrschaft des Rechts, zum Durchbruch zu verhelfen – jener Vision also, die schon die großen Monarchen des 18. Jahrhunderts – Katharina, Friedrich, Maria Theresia,

und Joseph II. – in ihren akut baufälligen Ländern zu verwirklichen suchten?«[93]

Nicht viel besser funktioniert die Demokratie allerdings in zentralistisch organisierten Nationalstaaten. Wo alle grundlegenden Sachprobleme – von den Steuern, über die soziale Vorsorge bis zu Bildung – der Kontrolle einer zentralen Regierung unterliegen, kann sich demokratisches Leben nur beschränkt entfalten. Diese Gefahr besteht besonders heute, wo es die Informationstechnologie dem Staat ermöglicht, riesige Datenmengen über die Präferenzen der Bürger zu sammeln. So wirkt die Digitalisierung heute nachweislich als Motor der staatlichen Zentralisierung, womit die demokratische Gewaltenteilung still und leise unterwandert wird. Das wichtigste Instrument, um diese zu verteidigen und die bürgerliche Selbstverantwortung zu fördern, sehen wir im Ausbau dezentraler staatlicher Strukturen. Es scheint uns deshalb für eine lebendige Demokratie entscheidend, dass wichtige politische Bereiche – inklusive der Kompetenz, Steuern zu erheben – von der nationalstaatlichen auf die regionale und lokale Ebene verlagert werden. Je geringer die Distanz zwischen Demokratie und der bürgerlichen Erfahrungs- und Lebenswelt, desto näher kommt sie dem Ideal des demokratischen *self-government* im von Pitkin und Arendt beschriebenen Sinne.

In einer solchen Demokratie wird das repräsentative System nicht verdrängt, sondern komplementiert und bis zu einem gewissen Grad relativiert. Denn ein dezentrales System mit einem Grad an genuiner Autonomie eröffnet neue Möglichkeiten. Zur Bürgernähe und Identifikation mit dem eigenen Gemeinwesen kommt die Konkurrenz bei der Erbringung verschiedener, auf die lokalen Bedürfnisse gerichteter Leistungen. Auch trägt dieses System mit seiner relativen Autonomie vom Zentrum zur Gewaltenteilung bei. Anstatt Koalitionen der Macht unter Politikern oder zwischen diesen und der Verwaltung entsteht Raum für die Entwicklung produktiver Beziehungen zwischen politischen Akteuren auf verschiedenen Ebenen. Eine derart lokal ausgerichtete Demokratie baut auf die Einbeziehung unterschiedlicher Erfahrungen und der offenen Diskussion verschiedener Interessen und Präferenzen. Eine so disponierte politische Kultur bildet ein Gegengewicht zum professionellen Politikbetrieb und seinen Netzwerken der Macht. Jene, die Politik vor allem aus Status- und Karriereerwägungen betreiben, werden ein solches, durch stärkere Mitspracherechte definiertes politisches Umfeld wohl als unattraktiv taxieren. Für die Demokratie wäre ein solches Urteil kein schlechtes Zeichen, im Gegenteil.

>><<

Dies bringt uns abschließend zur Frage des *Ortsbezugs der Demokratie*, dem vielleicht wichtigsten Problemkreis unseres Buches. Hier geht es letztlich um die Frage der Beziehung zwischen emotionalen und funktionalen Aspekten in der Demokratie. Beide sind wichtig, eine gewisse Balance zwischen ihnen wäre deshalb unserer Ansicht nach nicht nur wünschenswert, sondern für die Zukunft einer lebendigen Demokratie entscheidend. Sie gilt es im Auge zu behalten. Hierbei geht es zentral um Fragen von Identität und Zugehörigkeit: Eine lebendige Demokratie gibt es nur dort, wo sich Menschen einem Gemeinwesen zugehörig fühlen. Was es dazu braucht, ist mitnichten die Verklärung der eigenen Gemeinschaft. Hurrapatriotismus ist dem demokratischen Leben genauso abträglich wie Desinteresse am Gemeinwesen. Was dagegen absolut nötig ist, ist ein gewisses Maß an kritischer Identifikation. Denn wo die Bereitschaft abnimmt, über Fragen zu streiten, die für die Entwicklung der eigenen Gemeinde oder des eigenen Landes von großer Bedeutung sind, verdünnt sich die demokratische Substanz.

Demokratie funktioniert nur dort, wo es ein starkes Ortsbewusstsein gibt; oder um es mit Benedict Andersons berühmter analytischer Metapher zu sagen: wo eine *imagined community* existiert, die zum eigenen Selbst-Bewusstsein gehört – nicht als einzige, aber zwingend als wichtige Bezugsgröße. Die Nation, mit der sich Anderson beschäftigte, ist bis heute die größte Einheit, die dieses Kriterium erfüllt. Für die partizipatorische Demokratie besser geeignet sind allerdings, wir haben es betont, noch kleinere Einheiten. Diese müssen sich keineswegs zwingend an der territorialen Logik gegenwärtiger Nationalstaaten orientieren, sondern könnten sich im Geiste des subsidiären Wettstreits gemeinen Aufgaben zuwenden, die am besten vor Ort zu bestreiten sind. Hier scheint uns der Unterschied zwischen Territorialität und Ortsbezug wichtig. Während die partizipatorische Demokratie bis zu einem gewissen Grad auf Territorialität verzichten kann, setzt sie den Ortsbezug im Sinne eines subjektiven Zugehörigkeitsgefühls voraus. Universalismus und demokratische Praxis vertragen sich deshalb schlecht. Dass die universale, jeglichem Ortsbezug entrückte Demokratie ein Widerspruch in sich selbst ist, darauf haben viele Intellektuelle hingewiesen.[94]

Die farbigste Beschreibung der Voraussetzungen für ein funktionierendes demokratisches Leben, die uns bekannt ist, stammt vom Schriftsteller George Orwell, und mit ihr möchten wir schließen. In einem der originellsten politischen Essays des 20. Jahrhunderts mit dem Titel *The Lion and the Unicorn* schildert Orwell 1940 seine Heimat auf jene Weise, die seinen Ruf als Publizist begründen sollte. Die Protagonisten seines Essays sind die englischen Arbeiter und Kleinbürger, die sich gegenüber den Schalmaienklängen des Faschismus als immuner erwiesen als viele ihrer deutlich besser gebildeten Landsleute. Während Erstere außer ihrer Freiheit und ihrem Recht auf politische Selbstbestimmung nichts zu verlieren hatten, sahen Letztere im Autoritarismus oft den Zug des Fortschritts. Orwells Aussage lautet, sinngemäß, so: Demokratische Gemeinwesen verdanken ihre Vitalität nicht in erster Linie den Anweisungen und Regeln, die aufgrund ihrer angeblichen logischen oder normativen Überlegenheit als verbindlich erklärt werden; sie verdanken sie vielmehr jenen, die sich dem Briefmarkensammeln, Kreuzworträtsel-Lösen oder Blumenzüchten verschrieben haben; denn diese verhindern, durch ihr dem Uneingeweihten anarchisch anmutendes Treiben, den Vormarsch totalitärer Staatsmacht.[95]

Danksagung

Dieses Buch ist das Resultat eines Gesprächs, das vor ungefähr drei Jahren im *Old Parsonage* in Oxford begann. Seither haben Margit Osterloh, Tobias Straumann, Christian Ulbrich und Grace Ong unsere Arbeit daran mit Scharfsinn und Humor bereichert. Bedanken möchten wir uns außerdem bei Christian Koth, Nora Samhouri und Constanze Neumann vom Aufbau Verlag für die angenehme und professionelle Betreuung.

Endnoten

Zitate aus englischen oder französischen Quellen wurden, wo nicht anders vermerkt, von den Autoren ins Deutsche übertragen.

1 Die 2017 vom Vorsitzenden der Willy-Brandt-Stiftung, Ulrich Schöler, moderierte Diskussion (»›Mehr Demokratie wagen‹. Vom Auftrag zum Albtraum der Politik?«) brachte diese Tendenz sehr schön zum Ausdruck: https://willy-brandt.de/en/aktuelles/audio-video/podiumsdiskussion-mehr-demokratie-wagen-heute-und-morgen/. Siehe auch Axel Schildt und Wolfgang Schmidt (Hg.), *›Wir wollen mehr Demokratie wagen‹. Antriebskräfte, Realität und Mythos eines Versprechens,* Bonn: Dietz 2019.

2 Die bis heute luzideste Diskussion der Differenz zwischen demokratischer Mitbestimmung und »representative government« findet sich in den *Federalist Papers.* James Madiron und Alexander Hamilton sehen die Demokratie als eine die bundesstaatliche Republik spaltende Kraft, während sie das repräsentative Regieren durch eine Klasse weiser Bürger – eine durch ihre bürgerlichen Verdienste und überragende Vernunft ausgezeichnete Aristokratie des Talents, die sich nicht umsonst »natural aristocracy« nannte – als den republikanischen Königsweg beschrieben. Dazu: Gordon S. Wood, *Empire of Liberty: A History of the Early Republic, 1789-1815,* Oxford: Oxford University Press 2009, Kapitel 1-3.

3 Eine Einführung ins Thema bietet Dirk Jörke, *Die Größe der Demokratie,* Frankfurt am Main: Suhrkamp 2019. Ein Plädoyer für eine moderne Epistokratie liefert Jason Brennan, *Against Democracy!,* Princeton: Princeton University Press 2015.

4 Hannah Arendt, *On Revolution,* London: Faber & Faber

1963, S. 238–240. Hanna F. Pitkin, »Representation and Democracy«, S. 335–342. Die folgenden Ausführungen beziehen sich auf den Essay von Pitkin. Siehe auch Bernard Manin, *The Principles of Representative Government,* New York: Cambridge University Press 1997; Richard Tuck, *The Sleeping Sovereign: The Invention of Modern Democracy,* Cambridge MA: Harvard University Press 2015, Vorwort und 3. Kapitel.

5 Pitkin, »Representation and Democracy«, S. 335. Tuck, *Sleeping Beauty,* S. 161–162, 175–176.

6 Forschung und Lehre, *Mehr als 80 Prozent Akademiker im Bundestag* (2019), https://www.forschung-und-lehre.de/politik/mehr-als-80-prozent-akademiker-im-bundestag-1861.

7 *Zu alt, zu männlich und zu viele Akademiker?* (2019), https://www.addendum.org/repraesentation/zusammensetzung-nationalrat/.

8 Andrea Pilotti; Roberto Di Capua, *Die sozio-professionelle Zusammensetzung des Nationalrats 2019–2023* (2019), https://www.defacto.expert/2019/11/08/die-sozio-professionelle-zusammensetzung-nationalrat/.

9 Statista, *Bildungsstand der Wohnbevölkerung in der Schweiz von 2010 bis 2020* (2019), https://de.statista.com/statistik/daten/studie/782103/umfrage/bildungsstand-der-bevoelkerung-in-der-schweiz/.

10 Pitkin, »Representation and Democracy«, S. 339. Ähnlich argumentiert Perry Anderson, »The European Coup«, *London Review of Books,* vol. 42, no. 24 (14. Dezember 2020). Zu den leidenschaftlichen Plädoyers für ein epistokratisches Europa unter dem Banner der Demokratie gehören Luuk van Middelaar, *Passages to Europe: How a Continent Became a Union,* New Haven: Yale University Press 2014.

11 Oliver Zimmer, »Das Milizsystem beruht auf der Einsicht, dass es den perfekten Staat nicht gibt«, *Neue Zürcher Zeitung,* 8. Juli 2019. Grundsätzlich zum räumlichen Aspekt der Demokratie: Jörke, *Die Größe der Demokratie,* v. a. Einleitung.

12 Hans Magnus Enzensberger, *Sanftes Monster Brüssel oder die*

Entmündigung Europas, Frankfurt am Main: Suhrkamp 2011, S. 56.

13 Zum Podium mit dem Titel *Mythos Europa*, das am 16. März 2016 im prächtigen Saal der Berlin-Brandenburgischen Akademie der Wissenschaften stattfand, gehörten neben den Politikern Wolfgang Schäuble und Olaf Scholz der Schriftsteller Charles Lewinsky, der Politologe Herfried Münkler und der Historiker Oliver Zimmer: https://live.nzz.ch/de/events/nzz-podium-europa/mythos-europa.

14 François Hartog, *Régimes d'historicité. Présentisme et experiences du temps*, Paris: Points 2015.

15 Zum Beispiel wenn Christopher Clark Macron per Buch darum bittet, »den europäischen Motor« wieder anzuwerfen: Christopher Clark, *Time and Power: Visions of History in German Politics. From the Thirty Years War to the Third Reich,* Princeton: Princeton University Press 2019, S. 224. Explizit zur Epistokratie bekennt sich Jason Brennan, *Against Democracy,* Princeton: Princeton University Press 2015.

16 Margit Osterloh, »Das Virus gegen die Freiheit: Wider den Autoritätsglauben«, *Neue Zürcher Zeitung*, 9. Mai 2020.

17 Christopher Lasch, *The Revolt of the Elites,* New York: W. W. Norton 1995, S. 171. Zum gleichen Schluss kommt neuerdings die Politologin Hélène Landemore in ihrer überzeugenden Replik auf Jason Brennans Plädoyer für die Epistokratie: Jason Brennan und Hélène Landemore, *Debating Democracy: Do We Need More or Less?*, Oxford: Oxford University Press 2022, S. 168–189.

18 Matthias Benz und Alois Stutzer, »Direct Democracy and Citizens' Information about Politics«. In: Pállinger, Z. T., Kaufmann, B., Marxer, W., Schiller, T. (Hg.), *Direct Democracy in Europe*, VS Verlag für Sozialwissenschaften 2007, https://doi.org/10.1007/978-3-531-90579-2_10.

19 Zitiert nach William H. Sewell Jr, *A Rhetoric of Bourgeois Revolution: The Abbé Sieyès and What is the Third Estate?* Chicago: University of Chicago Press 1994, S. 10.

20 Ebd. S. 131.

21 Das Zitat findet sich in Lucia Rubinelli, »How to think beyond sovereignty: On Sieyès and constituent power«, *European Journal of Political Theory,* vol. 18 (1) (2019), S. 57.

22 Sieyès, *Qu'est-ce que le tiers-état,* Paris: Flammarion 1988, S. 124.

23 Sewell, *A Rhetoric of Bourgeois Revolution,* S. 96–98.

24 Ebd. S. 102.

25 Ebd. S. 184.

26 Zum Gegensatz von demokratischem und technokratischem Ansatz in der Politik: Michael Sandel, *The Tyranny of Merit: What's Become of the Common Good?* London: Penguin 2020, S. 108–112.

27 Patrice Gueniffey, »Suffrage«, in: François Furet und Mona Ozouf (Hg.), *Dictionnaire critique de la revolution française,* Paris: Flammarion 1988.

28 François Guizot, *Histoire des Origines du Gouvernement représentatif en Europe,* Paris: Didier 1851 (Erstpublikation 1821), S. 147.

29 Der Historiker Pierre Rosanvallon hat Guizot deshalb treffend als »Lenin der Bourgeoisie« bezeichnet. Siehe Pierre Rosanvallon, *La contre-démocratie: la politique à l'âge de la défiance,* Paris: Seuil 2006, S. 159–160; und vom selben Autor: *Le moment Guizot,* Paris: Seuil 1985.

30 Zitat aus Melvin Richter, »Tocqueville and Guizot on democracy: from a type of society to a political regime«, *History of European Ideas,* vol. 30 (2004), S. 71.

31 Ebd. S. 74.

32 Alexis de Tocqueville, *The Recollections,* New York: Columbia University Press 1949.

33 Robert H. Wiebe, *Self-Rule: A Cultural History of American Democracy,* Chicago 1995, S. 21.

34 Ebd. S. 39.

35 Erich Gruner und Wilfried Häberli (Hg), *Quellenhefte zur Schweizergeschichte,* Heft 7, Aarau 1955, S. 69.

36 Robert Tombs, *This Sovereign Isle,* London: Penguin 2021, S. 47–50.

37 Pierre Rosanvallon, *Counter-Democracy: Politics in an Age of Distrust,* Cambridge: Cambridge University Press 2008, S. 192.

38 Ebd. S. 117. Siehe auch Bernard Manin, *The Principles of Representative Government,* New York: Cambridge University Press 1997, S. 236. Siehe neuerdings die Argumente von Landemore in Brennan und Landemore, *Debating Democracy.*

39 Dieter Thomä, »Wer hat Angst vor dem Volk?«, *Philosophie Magazin,* no. 3 (2019), S. 20–23.

40 Jacques Rancière, *Hatred of Democracy,* London: Verso 2009, S. 71.

41 Ebd. S. 48.

42 Ebd. S. 53.

43 Ebd. S. 80.

44 Ebd. S. 80.

45 Ebd. S. 81–82.

46 Diesen Punkt verdanke ich einem Gespräch mit der Historikerin Franziska Rogger. Zum Thema siehe Franziska Rogger, *»Gebt den Schweizerinnen Ihre Geschichte!« Marthe Gosteli, Ihr Archiv und der übersehene Kampf ums Frauenstimmrecht,* Zürich: Verlag Neue Zürcher Zeitung 2015, v. a. Teil 1.

47 Carole Pateman, »The Patriarchal Welfare State«, in Christopher Pierson and Francis G. Castles (Hg.), *The Welfare State Reader,* Cambridge: Polity Press 2006, S. 134–152.

48 Sylvia Walby, »Is Citizenship Gendered«, *Sociology,* vol. 98, no. 2, 1994, S. 397-395.

49 Ghia Nodia, »Nationalism and Democracy«, *Journal of Democracy,* vol. 3, no. 4 (1992), S. 14.

50 John Breuilly, *The Oxford Handbook of the History of Nationalism,* Oxford: Oxford University Press 2013, Kapitel 6–9.

51 Shlomo Avineri, »Comments on Nationalism and Democracy«, *Journal of Democracy,* vol. 3, no. 4 (1992), S. 29.

52 Pierre Manent, *A World beyond Politics? A Defence of the Nation-State,* Princeton: Princeton University Press 2006, S. 201–202.

53 Bruno S. Frey, »Efficiency and democratic political organisa-

tion; the case for referendum«, *Journal of Public Policy,* vol. 12, no. 3 (1992), S. 215.

54 Charles Taylor, »The Dynamics of Democratic Exclusion«, *Journal of Democracy,* vol. 9, no. 4 (Oktober 1998), S. 143–156.

55 Zu dieser Diskussion, siehe Jörke, *Die Größe der Demokratie,* S. 125, 226.

56 Taylor, »The Dynamics of Democratic Exclusion«, S. 153–154.

57 Pierre Bourdieu, »Rethinking the State: Genesis and Structure of the Genetic Field«, in: George Steinmetz (Hg.), *State/Culture: State-Formation after the Cultural Turn,* Ithaca: Cornell University Press 1999, S. 66.

58 Ebd. S. 55.

59 Christian Ulbrich und Bruno S. Frey, *Digitaler Staat*, 2022. Erscheint demnächst.

60 Bourdieu, »Rethinking the State«, S. 60.

61 Ebd. S. 55, 61.

62 Lucien Scherrer, »Kommunikativer Overkill beim ›Blick‹: Wie Ringier alles noch schlimmer macht«, *Neue Zürcher Zeitung,* 6. Januar 2022. Der Fall schaffte es in die Tagesschau der ARD: https://www.tagesschau.de/ausland/europa/ringier-medienkonzern-101.html.

63 Michael Hanfeld, »So fern und doch so nah«, *Frankfurter Allgemeine Zeitung,* 26. Januar 2016.

64 Michael Haller, »Viele Journalisten wollen Frau Merkel auf dem Schoss sitzen«, *Schweizer Journalist,* no. 10–11 (2017), S. 57–58.

65 Eugene Weber, *Peasants into Frenchmen: The Modernization of Rural France 1870–1914,* Berkeley: University of California Press 1976.

66 Celia Applegate, »A Europe of Regions: Reflections on the Historiography of Sub-National Places in Modern Times«, *American Historical Review,* 104/4 (Oktober 1999), S. 1157–1182.

67 Bourdieu, »Rethinking the State«, S. 62.

68 Kurt Tucholsky, *Gesammelte Werke in zehn Bänden*. Band 4, Reinbek bei Hamburg 1975, S. 76–77.

69 James C. Scott, *Seeing like a State: How certain schemes to improve the human condition failed,* New Haven 1999, S. 82.

70 Ebd. S. 41.

71 Ebd. S. 45.

72 Ebd. S. 45.

73 Christoph A. Schaltegger und Lars P. Feld, »Die Zentralisierung der Staatstätigkeit in einer Referendumsdemokratie: Evidenz aus der Schweiz«, *Politische Vierteljahresschrift,* vol. 44, no. 3 (September 2003), S. 370–394. https://www.unilu.ch/fakultaeten/wf/professuren/christoph-schaltegger/.

74 Wallace E. Oates, *Fiscal Federalism*, NY: Harcourt Brace Jovanovich 1972.

75 Bruno S. Frey, *Ein neuer Föderalismus für Europa: Die Idee der FOCJ,* Mohr Siebeck 1997. Bruno S. Frey und Reiner Eichenberger, *The New Democratic Federalism for Europe. Functional, Overlapping and Competing Jurisdictions,* Edward Elgar 1999.

76 Kartellbildung wird auf staatlicher Ebene anhand des Lobbyismus ersichtlich. Siehe Mancur Olson, *The Logic of Collective Action*, Cambridge MA: Harvard University Press 2009. Auch auf internationaler Ebene kann Kartellisierung der Politik die staatliche Souveränität verringern. Wie die Globalisierung dazu beitragen kann, die Politik weiter vom Bürger wegzubewegen, wurde bspw. von Dani Rodrik beschrieben: *The Globalization Paradox: Why Global Markets, States, and Democracy Can't Coexist*, Oxford: Oxford University Press 2011.

77 Der wirtschaftliche Erfolg innerhalb dieses »Städtegürtels« hing somit von den stark ausgeprägten Städtenetzen und der Abwesenheit einer dominanten Hauptstadt ab. Für eine Typologisierung der europäischen Entwicklung siehe auch: Stein Rokkan und Peter Flora. *Staat, Nation und Demokratie in Europa: Die Theorie Stein Rokkans aus seinen gesammelten Werken*, Berlin: Suhrkamp 2000.

78 Die Zweckverbände des Kantons Zürich werden beispielsweise von den Gemeinden gebildet. Die Bürgerinnen und

Bürger haben bei dieser Form der Zweckverbände eine limitierte Entscheidungskompetenz.

79 Unterschiede sind ersichtlich zwischen Spanien und Deutschland. Siehe Tanja A. Börzel, *States and Regions in the European Union: Institutional Adaptation in Germany and Spain*, Cambridge: Cambridge University Press 2002.

80 Allan Gibbard, »Manipulation of voting schemes. A general result«, *Econometrica* 41.4 (1973), S. 587–601.

81 Hubertus Buchstein, *Demokratie und Lotterie: Das Los als politisches Entscheidungsinstrument von der Antike bis zur EU*, Frankfurt am Main: Campus Verlag 2009. Margit Osterloh und Bruno S. Frey, »Dealing with randomness«, *mrev management revue* 30.4 (2019), S. 331–345. Bruno S. Frey, Margit Osterloh und Katja Rost, *Die Rationalität des Qualifizierten Losverfahrens*, CREMA 2021.

82 Bruno S. Frey, Margit Osterloh und Katja Rost, »Zufallsentscheidungen in Management, Forschung und Politik«, *Oekonomenstimme*, 27. Oktober 2020.

83 Hubertus Buchstein ebd., Yves Sintomer, *Das demokratische Experiment*, Wiesbaden: Springer Fachmedien 2016.

84 Hubertus Buchstein ebd.

85 Alois Stutzer und Bruno S. Frey, »Making International Organizations More Democratic«, *Review of Law and Economics* 1.3 (2005), S. 305–330.

86 Patrick Bahners, »Bewertungen ohne Empirie«, *Frankfurter Allgemeine Zeitung*, 07. 04. 2022, https://www.faz.net/aktuell/feuilleton/debatten/deutscher-ethikrat-zur-pandemiepolitik-kritik-an-justiz-und-medien-17940157.html.

87 Bruno S. Frey, *Dealing with Terrorism: Stick or Carrot?*, Cheltenham: Edward Elgar 2004.

88 Paul Collier und Anke Hoeffler, »Greed and grievance in civil war«, *Oxford Economic Papers, vol.* 56, no. 4 (2004), S. 563–595.

89 Bryan Caplan, *The Myth of the Rational Voter,* Princeton: Princeton University Press 2007. Jason Brennan, *Against Democracy,* Princeton: Princeton University Press 2016.

90 Sophie Rosenfeld, *Democracy and Truth: A Short History*, Philadelphia: University of Pennsylvania Press 2019, S. 77.

91 Alexander Bogner, *Die Epistemisierung des Politischen. Wie die Macht des Wissens die Demokratie gefährdet*, Stuttgart: Reclam 2021, S. 50. Charles B. Blankart, »The process of government centralization: A constitutional view«, *Constitutional Political Economy* 11 (2000), S. 27–39.

92 Der beschriebene Fall basiert auf einer Analyse des US-Richters Marvin Frankel. Richter erteilten dabei bei ähnlichen Fällen der Unterschlagung sehr unterschiedliche Strafen. Sein Vergleich sollte die Willkür in der Rechtsprechung aufzeigen. Mehr dazu findet sich in Daniel Kahneman, Olivier Sibony und Cass R. Sunstein, *Noise: A Flaw in Human Judgment*, New York: Little, Brown Spark 2021, S. 19–28. Weitere Beispiele für die kognitiven Vorteile einer partizipatorischen, auf Vielstimmigkeit beruhenden Demokratie finden sich in Jason Brennan und Hélène Landemore, *Debating Democracy. Do We Need More or Less?*, Oxford: Oxford University Press 2021.

93 Tony Judt, *A Grand Illusion? An Essay on Europe*, New York: New York University Press 1996, S. 115.

94 Darunter der Entwicklungsökonom Paul Collier, *The Future of Capitalism: Facing the New Anxieties*, London: Allen Lane 2018.

95 George Orwell, »The Lion and the Unicorn«, in *Why I Write*, London: Penguin 1984.